DAS ULTIMATIVE ITALIENISCHE DESSERT-KOCHBUCH

Gönnen Sie sich die ultimative Sammlung von 100 italienischen Dessertrezepten

Beate Busch

Urheberrechtliches Material ©2023

Alle Rechte vorbehalten

Kein Teil dieses Buches darf ohne die entsprechende schriftliche Zustimmung des Herausgebers und Urheberrechtsinhabers in irgendeiner Form oder auf irgendeine Weise verwendet oder übertragen werden, mit Ausnahme von kurzen Zitaten, die in einer Rezension verwendet werden. Dieses Buch sollte nicht als Ersatz für medizinische, rechtliche oder andere professionelle Beratung betrachtet werden.

INHALTSVERZEICHNIS

INHALTSVERZEICHNIS 3

EINFÜHRUNG 7

1. Schokoladen-Panna Cotta 8
2. Panna Cotta 10
3. Käse-Galette mit Salami.. 12
4. Tiramisu 14
5. Cremiger Ricotta-Kuchen... 16
6. Italienischer Artischockenkuchen 18
7. Aniskekse 20
8. Karamell-Flan 22
9. Zuckerkeks-Tassenkuchen 24
10. Babka mit Baileys-Sauce 26
11. Karamell-Baileys-Fondue 29
12. Würziger italienischer Pflaumen-Pflaumen-Kuchen 31
13. Katalanische Creme.. 34
14. Mandelsorbet... 36
15. Mascarpone-Käse-Tiramisu 38
16. Veganes Tiramisù 40
17. Mit Schmetterlingserbsen angereicherte Panna Cotta... 42
18. Vanille-Kokos-Panna Cotta mit Hibiskusbeerensauce ... 44
19. Blaubeer- und Fliedersirup Panna Cotta 47
20. Honig-Kamille-Panna-Cotta 52
21. Rosenjoghurt-Panna Cotta 54
22. Gulab Panna Cotta 56
23. Ginger Rose Panna-Cotta... 59
24. Mini-Tiramisu-Kleinigkeiten 61

25. Tiramisu-Eis 64

26. Tiramisu-Törtchen 67

27. Weiße Schokoladen-Tiramisu-Puddingbecher 70

28. Zitronen-Tiramisu 72

29. Kürbis-Gewürz-Tiramisu-Kuchen 75

30. Tiramisu Whoopie Pies 78

31. Amaretto Cannoli 81

32. Cannoli alla siciliana 84

33. Cannoli-Sahnepizza 87

34. Cannoli-Kuchen 89

35. Cannoli für Kinder 91

36. Cannoli-Schalen und Füllung 93

37. Tiramisu-Käsekuchen 95

38. Mangomisu 98

39. Matcha-Tiramisu 101

40. Schokoladen-Karamell-Mousse-Tiramisu 104

41. Tiramisu Pots de Creme 107

42. Tiramisu-Cupcakes 110

43. Mini-Tiramisu-Becher 113

44. Tiramisu-Windbeutel 115

45. Orangen-Panna Cotta und Orangengelee 118

46. Erdbeer-Panna Cotta mit karamellisierten Erdnüssen 121

47. Erdbeer-Kiwi-Panna Cotta 123

48. Buttermilch-Panna Cotta mit Zitrussauce 125

49. Pflaumen-Panna Cotta 127

50. Mango-Panna-Cotta mit Puderzucker-Dekoration 130

51. Kokos-Panna Cotta mit Ananasglasur 133

52. Tricolor Panna Cotta Delight 135

53. Mango Lassi Panna Cotta 138

54. Kokosmilch und Orangen-Panna Cotta 140

55. Granatapfel-Panna Cotta 142

56. Grüne und weiße Panna Cotta 144

57. Griechischer Joghurt Panna Cotta mit Dattelpüree 146

58. Kaki-Panna Cotta 149

59. Panna Cotta mit Vanillesoße und Wassermelone 151

60. Birnenkompott in Gelee mit Panna Cotta 153

61. Panna Cotta mit Karamellsauce 156

62. Schokoladen-Panna Cotta 159

63. Karamellpudding 161

64. Italienische gebackene Pfirsiche 163

65. Honigpudding 165

66. Gefrorener Honig-Semifreddo 167

67. Zabaglione 169

68. Affogato 171

69. Haferflocken-Zimt-Eis 173

70. Doppeltes Schokoladengelato 175

71. Kirsch-Erdbeer-Gelato 177

72. Butterige Croissant-Schichten mit Prosciutto 179

73. Balsamico-Pfirsich-Brie-Tarte 182

74. Zwiebel-Prosciutto-Tarte 184

75. Prosciutto-Oliven-Tomatenbrot 186

76. Prosciutto-Orangen-Popovers 188

77. Kandierter Prosciutto 190

78. Mozzarella-Prosciutto-Kartoffelkuchen 192

79. Grüne Erbsen-Panna Cotta mit Prosciutto 194

80. Limettengelato mit Chiasamen 197

81. Schokoladen-Kirsch-Eistorte 200

82. Schokoladenbombe 203

83. Ananas gebackene Alaska 206

84. In Schokolade getauchte Gelato-Pops 208

85. Cappuccino-Frappé 210

86. Pochierte Feigen in gewürztem Rotwein mit Gelato 212

87. Pina-Colada-Baiser-Gelato-Kuchen 214

88. Erdbeer-Baiser-Gelato-Kuchen 216

89. Toblerone-Gelato 219

90. Schokoladen-Nutella-Gelato 222

91. Kirschgelato 224

92. Brombeergelato 226

93. Himbeergelato 228

94. Blaubeer-Gelato 230

95. Mango-Gelato 232

96. Erdnussbutter-Gelato 234

97. Haselnuss-Gelato 236

98. Gemischtes Beerengelato 238

99. Kokos-Gelato 240

100. Kürbisgelato 242

ABSCHLUSS 244

EINFÜHRUNG

Wenn Sie ein Fan der italienischen Küche sind, wissen Sie, dass italienische Desserts ein Muss sind. Von klassischem Tiramisu bis hin zu cremiger Panna Cotta und erfrischender Granita – italienische Desserts sind für ihre köstlichen Aromen und Texturen bekannt. Wenn Sie Ihr Dessertrepertoire erweitern möchten, ist das Kochbuch „ Le livre de cuisine ultime sur les desserts italiens " genau das Richtige für Sie.

Mit über 100 Rezepten ist dieses Kochbuch ein umfassender Leitfaden für die Zubereitung authentischer italienischer Desserts bequem in der eigenen Küche. Zu jedem Rezept gibt es ein schönes Farbfoto, sodass Sie genau sehen können, wie Ihr fertiges Gericht aussehen soll.

Aber dieses Kochbuch ist nicht nur eine Sammlung von Rezepten – es ist eine Reise durch die reiche Geschichte und Traditionen der italienischen Dessertherstellung. Sie erfahren mehr über die Ursprünge klassischer Desserts wie Cannoli und Zabaglione und entdecken neue Variationen alter Favoriten.

Ob Anfänger oder erfahrener Hobbykoch, in diesem Kochbuch ist für jeden etwas dabei. Mit klaren Anweisungen und hilfreichen Tipps können Sie köstliche und beeindruckende Desserts kreieren, die Ihre Freunde und Familie begeistern werden. Warum also warten? Holen Sie sich noch heute Ihr Exemplar des Kochbuchs „ Le livre de cuisine ultime sur les desserts italiens " und genießen Sie die süßen Aromen Italiens!

.

1. Schokoladen-Panna Cotta

Ergibt: 5 Portionen

ZUTATEN:
- 500 ml Sahne
- 10 g Gelatine
- 70 g schwarze Schokolade
- 2 Esslöffel Joghurt
- 3 Esslöffel Zucker
- eine Prise Salz

ANWEISUNGEN:
a) Gelatine in einer kleinen Menge Sahne einweichen.
b) Gießen Sie die restliche Sahne in einen kleinen Topf. Zucker und Joghurt unter gelegentlichem Rühren zum Kochen bringen, aber nicht kochen. Nehmen Sie die Pfanne vom Herd.
c) Schokolade und Gelatine einrühren, bis sie vollständig aufgelöst sind.
d) Den Teig in die Formen füllen und 2-3 Stunden kalt stellen.
e) Um die Panna Cotta aus der Form zu lösen, lassen Sie sie einige Sekunden lang unter heißem Wasser laufen, bevor Sie das Dessert herausnehmen.

2. Panna Cotta

Macht: 6

ZUTATEN:
- ⅓ Tasse Milch
- 1 Päckchen geschmacksneutrale Gelatine
- 2 ½ Tassen Sahne
- ¼ Tasse Zucker
- ¾ Tasse geschnittene Erdbeeren
- 3 Esslöffel brauner Zucker
- 3 Esslöffel Brandy

ANWEISUNGEN:
a) Milch und Gelatine verrühren, bis sich die Gelatine vollständig aufgelöst hat. Aus der Gleichung entfernen.
b) In einem kleinen Topf Sahne und Zucker zum Kochen bringen.
c) Die Gelatinemischung in die Sahne einarbeiten und 1 Minute lang verrühren.
d) Die Mischung auf 5 Auflaufförmchen verteilen.
e) Legen Sie Plastikfolie über die Auflaufförmchen. Danach 6 Stunden kalt stellen.
f) In einer Rührschüssel Erdbeeren, braunen Zucker und Brandy vermischen. mindestens 1 Stunde kalt stellen.
g) Die Erdbeeren auf die Panna Cotta legen.

3. Käse-Galette mit Salami

Ergibt: 5 Portionen

ZUTATEN:
- 130 g Butter
- 300 g Mehl
- 1 Teelöffel Salz
- 1 Ei
- 80 ml Milch
- ½ Teelöffel Essig
- Füllung:
- 1 Tomate
- 1 Paprika
- Zucchini
- Salami
- Mozzarella
- 1 Esslöffel Olivenöl
- Kräuter (wie Thymian, Basilikum, Spinat)

ANWEISUNGEN:
a) Butter würfeln.
b) In einer Schüssel oder Pfanne Öl, Mehl und Salz vermischen und mit einem Messer hacken.
c) Ein Ei, etwas Essig und etwas Milch hinzufügen.
d) Beginnen Sie mit dem Kneten des Teigs. Nach dem Rollen zu einer Kugel und dem Einwickeln in Plastikfolie eine halbe Stunde in den Kühlschrank stellen.
Schneiden Sie die gesamte Füllung abZutaten.
e) Legen Sie die Füllung in die Mitte eines großen Teigkreises, der auf Backpapier ausgerollt wurde (außer Mozzarella).
f) Mit Olivenöl beträufeln und mit Salz und Pfeffer würzen.
g) Heben Sie dann die Teigränder vorsichtig an, wickeln Sie sie um die überlappenden Abschnitte und drücken Sie sie leicht fest.
h) Backofen auf 200 °C vorheizen und 35 Minuten backen. Zehn Minuten vor Ende der Backzeit den Mozzarella dazugeben und weiterbacken.
i) Sofort servieren!

4. Tiramisu

Macht: 6

ZUTATEN:
- 4 Eigelb
- ¼ Tasse weißer Zucker
- 1 Esslöffel Vanilleextrakt
- ½ Tasse Schlagsahne
- 2 Tassen Mascarpone-Käse
- 30 Löffelbiskuits
- 1 ½ Tassen eiskalt gebrühter Kaffee im Kühlschrank aufbewahrt
- ¾ Tasse Frangelico-Likör
- 2 Esslöffel ungesüßtes Kakaopulver

ANWEISUNGEN:
a) In einer Rührschüssel Eigelb, Zucker und Vanilleextrakt cremig rühren.
b) Danach die Schlagsahne schlagen, bis sie fest ist.
c) Den Mascarpone-Käse und die Schlagsahne verrühren.
d) In einer kleinen Rührschüssel den Mascarpone leicht unter das Eigelb heben und beiseite stellen.
e) Den Likör mit dem kalten Kaffee vermischen.
f) Tauchen Sie die Löffelbiskuits sofort in die Kaffeemischung. Wenn die Löffelbiskuits zu nass oder feucht werden, werden sie durchnässt.
g) Legen Sie die Hälfte der Löffelbiskuits auf den Boden einer 23 x 33 cm großen Auflaufform.
h) Die Hälfte der Füllmasse darauf geben.
i) Die restlichen Löffelbiskuits darauflegen.
j) Decken Sie die Form mit einem Deckel ab. Danach 1 Stunde kalt stellen.
k) Mit Kakaopulver bestäuben.

5. Cremiger Ricotta-Kuchen

Macht: 6

ZUTATEN:
- 1 im Laden gekaufter Tortenboden
- 1 ½ Pfund Ricotta-Käse
- ½ Tasse Mascarpone-Käse
- 4 geschlagene Eier
- ½ Tasse weißer Zucker
- 1 Esslöffel Brandy

ANWEISUNGEN:
a) Ofen auf 350 Grad Fahrenheit vorheizen.
Alle Zutaten für die Füllung in einer Rührschüssel vermischen. Anschließend die Mischung in die Kruste gießen.
b) Den Ofen auf 350 °F vorheizen und 45 Minuten backen.
c) Stellen Sie den Kuchen vor dem Servieren mindestens 1 Stunde lang in den Kühlschrank.

6. Italienischer Artischockenkuchen

Ergibt: 8 Portionen

ZUTATEN:
- 3 Eier; Geschlagen
- 1 3-Unzen-Packung Frischkäse mit Schnittlauch; Erweicht
- ¾ Teelöffel Knoblauchpulver
- ¼ Teelöffel Pfeffer
- 1½ Tasse Mozzarella-Käse, teilweise Magermilch; Geschreddert
- 1 Tasse Ricotta-Käse
- ½ Tasse Mayonnaise
- 1 14-Unzen-Dose Artischockenherzen; Ausgelaugt
- ½ 15 Unzen Dose Kichererbsenbohnen, konserviert; Gespült und abgetropft
- 1 2 ¼ Oz Dose geschnittene Oliven; Ausgelaugt
- 1 2 Unzen Glas Pimientos; Gewürfelt und abgetropft
- 2 Esslöffel Petersilie; Geschnitten
- 1 Tortenboden (9 Zoll); Ungebacken
- 2 kleine Tomaten; Geschnitten

ANWEISUNGEN:
a) Eier, Frischkäse, Knoblauchpulver und Pfeffer in einem großen Rührbecken vermischen. Kombinieren Sie 1 Tasse Mozzarella-Käse, Ricotta-Käse und Mayonnaise in einer Rührschüssel.
b) Rühren, bis alles gut vermischt ist.
c) 2 Artischockenherzen halbieren und beiseite stellen. Den Rest der Herzen hacken.
d) Die Käsemischung mit den gehackten Herzen, Kichererbsen, Oliven, Pimientos und Petersilie vermischen. Füllen Sie die Teighülle mit der Mischung.
e) 30 Minuten bei 350 Grad backen. Den restlichen Mozzarella-Käse und Parmesankäse darüber streuen.
f) Weitere 15 Minuten backen oder bis es fest ist.
g) 10 Minuten ruhen lassen.
h) Tomatenscheiben und geviertelte Artischockenherzen darüber verteilen.
i) Aufschlag

7. Aniskekse

Macht: 36

ZUTATEN:
- 1 Tasse Zucker
- 1 Tasse Butter
- 3 Tassen Mehl
- ½ Tasse Milch
- 2 geschlagene Eier
- 1 Esslöffel Backpulver
- 1 Esslöffel Mandelextrakt
- 2 Teelöffel Anislikör
- 1 Tasse Puderzucker

ANWEISUNGEN:
a) Ofen auf 375 Grad Fahrenheit vorheizen.
b) Zucker und Butter verrühren, bis die Masse leicht und locker ist.
c) Mehl, Milch, Eier, Backpulver und Mandelextrakt nach und nach unterrühren.
d) Den Teig kneten, bis er klebrig wird.
e) Aus 2,5 cm langen Teigstücken kleine Kugeln formen.
f) Heizen Sie den Ofen auf 350 °F vor und fetten Sie ein Backblech ein. Legen Sie die Kugeln auf das Backblech.
g) Heizen Sie den Ofen auf 350 °F vor und backen Sie die Kekse 8 Minuten lang.
h) Anislikör, Puderzucker und 2 Esslöffel heißes Wasser in einer Rührschüssel vermischen.
i) Zum Schluss die Kekse noch warm in die Glasur tauchen.

8. Karamell-Flan

Macht: 4

ZUTATEN:
- 1 Esslöffel Vanilleextrakt
- 4 Eier
- 2 Dosen Milch (1 Kondensmilch und 1 gesüßte Kondensmilch)
- 2 Tassen Schlagsahne
- 8 Esslöffel Zucker

ANWEISUNGEN:
a) Heizen Sie den Ofen auf 350 Grad Fahrenheit vor.
b) In einer beschichteten Pfanne den Zucker bei mittlerer Hitze goldbraun schmelzen.
c) Gießen Sie den flüssigen Zucker in eine noch heiße Backform.
d) In einer Rührschüssel die Eier aufschlagen und schlagen. Kondensmilch, Vanilleextrakt, Sahne und gesüßte Milch in einer Rührschüssel vermischen. Machen Sie eine gründliche Mischung.
e) Den Teig in die mit geschmolzenem Zucker überzogene Backform gießen. Stellen Sie die Pfanne in einen größeren Topf mit 2,5 cm kochendem Wasser.
f) 60 Minuten backen.

9. **Zuckerplätzchen-Tassenkuchen**

ZUTATEN:
- 2 Esslöffel Eiersatz
- 2 Esslöffel Butter, weich
- ⅓ Tasse Mehl
- 3 Esslöffel Zucker
- 1 Teelöffel Vanille
- 3 Esslöffel Baileys
- 2 Esslöffel Regenbogenstreusel
- 1 Tasse Puderzucker
- 2-3 Tropfen rosa oder rote Lebensmittelfarbe

ANWEISUNGEN:
a) In einer Schüssel Eiersatz, Butter, Mehl, Zucker, Vanille, 2 Esslöffel Baileys und 1 Esslöffel Regenbogenstreusel verrühren.
b) In einen zusätzlichen Becher geben.
c) 60 Sekunden lang in der Mikrowelle erhitzen, alle über den Rand geblubberten Teige abwischen und dann für weitere 30 Sekunden wieder in die Mikrowelle stellen.
d) Den Kuchen herausnehmen und in den Kühlschrank stellen.
e) Während es abkühlt, Puderzucker, 1 Esslöffel Baileys und Lebensmittelfarbe verrühren.
f) Über den leicht warmen Kuchen träufeln.

10. Babka mit Baileys-Sauce

Ergibt: 1 Portionen

ZUTATEN:
- ¼ Tasse Milch
- 1 Packung Trockenhefe
- ¼ Tasse warmes Wasser
- ¼ Tasse Zucker
- ¼ Tasse Margarine, weich
- 3 Eier
- 2⅓ Tasse Mehl, gesiebt
- ¼ Tasse kandierte Früchte, gemischt
- ¼ Tasse dunkle Rosinen

BAILEYS-SAUCE:
- ⅓ Tasse Wasser
- ½ Tasse) Zucker
- 2 Esslöffel Baileys

ANWEISUNGEN:
a) Milch in einem kleinen Topf heiß erhitzen und lauwarm abkühlen lassen.
b) In einer großen Schüssel Hefe über Wasser streuen und umrühren, bis sie sich auflöst.
c) Milch, ¼ Tasse Zucker, weiche Margarine, Eier und Mehl hinzufügen.
d) Mit der elektrischen Mischung bei niedriger Geschwindigkeit schlagen, bis eine glatte Masse entsteht.
e) Decken Sie den Darm mit einem Handtuch ab und lassen Sie die Mischung etwa eine Stunde lang an einem warmen Ort gehen, bis sich Blasen bilden.
f) Backform einfetten und mit Mehl bestäuben. Kandierte Früchte und Rosinen unter den Teig rühren.
g) In die vorbereitete Form füllen. Den Teig abdecken und etwa eine Stunde lang fast bis zum Rand der Form aufgehen lassen.
h) Im vorgeheizten Ofen bei 350 °C etwa 30 bis 40 Minuten backen oder fertig und goldbraun backen.

BAILEYS-SAUCE:
i) Wasser zum Kochen bringen und Zucker einrühren, damit er sich auflöst.
j) Vom Herd nehmen und Baileys hinzufügen.
k) Sofort nach dem Herausnehmen des Kuchens aus dem Ofen die Oberseite mit einer Gabel einstechen und mit einem Löffel Baileys-Sauce bestreichen.
l) Lassen Sie den Kuchen in der Form stehen und lassen Sie ihn 1 Stunde lang auf einem Gitter abkühlen.
m) Vorsichtig herausnehmen und den Kuchen warm servieren.

11. Karamell-Baileys-Fondue

Ergibt: 12 Portionen

ZUTATEN:
- 7 Unzen Karamellbonbons
- ¼ Tasse Miniatur-Marshmallows
- ⅓ Tasse Schlagsahne
- 2 Teelöffel Baileys

ANWEISUNGEN:
a) Karamellbonbons und Sahne im Topf vermischen.
b) Abdecken und 30 bis 60 Minuten erhitzen, bis es geschmolzen ist.
c) Marshmallows und Baileys unterrühren.
d) Abdecken und 30 Minuten weitergaren.
e) Mit Apfelschnitzen oder Rührkuchen servieren.

12. Würziger italienischer Pflaumen-Pflaumen-Kuchen

Ergibt: 12 Portionen

ZUTATEN:
- 2 Tassen entsteinter und geviertelter Italiener
- Pflaumenpflaumen, gekocht bis
- Weich und gekühlt
- 1 Tasse ungesalzene Butter, weich
- 1¾ Tasse Kristallzucker
- 4 Eier
- 3 Tassen gesiebtes Mehl
- ¼ Tasse ungesalzene Butter
- ½ Pfund Puderzucker
- 1½ Esslöffel ungesüßter Kakao
- Prise Salz
- 1 Teelöffel Zimt
- ½ Teelöffel gemahlene Nelken
- ½ Teelöffel gemahlene Muskatnuss
- 2 Teelöffel Backpulver
- ½ Tasse Milch
- 1 Tasse Walnüsse, fein gehackt
- 2 bis 3 Esslöffel stark, scharf
- Kaffee
- ¾ Teelöffel Vanille

ANWEISUNGEN:

a) Ofen auf 350°F vorheizen. Eine 10-Zoll-Gugelhupfform mit Butter bestreichen und bemehlen.

b) In einer großen Rührschüssel Butter und Zucker schaumig rühren, bis eine leichte, lockere Masse entsteht.

c) Die Eier einzeln unterrühren.

Mehl, Gewürze und Backpulver in einem Sieb vermischen. In Dritteln die Mehlmischung abwechselnd mit der Milch zur Buttermischung geben. Nur schlagen, um die Zutaten zu vermischen.

d) Die gekochten Pflaumen und Walnüsse dazugeben und verrühren. In die vorbereitete Form geben und 1 Stunde lang im 350 °F heißen Ofen backen, oder bis der Kuchen anfängt, von den Seiten der Form zu schrumpfen.

e) Für den Zuckerguss Butter und Puderzucker cremig rühren. Nach und nach den Zucker und das Kakaopulver unter ständigem Rühren hinzufügen, bis alles vollständig vermischt ist. Mit Salz.

f) Rühren Sie jeweils eine kleine Menge Kaffee ein.

g) Schlagen Sie alles, bis es leicht und locker ist, fügen Sie dann Vanille hinzu und dekorieren Sie den Kuchen.

13. Katalanische Creme

Macht: 3

ZUTATEN:
- 4 Eigelb
- 1 Zimt (Stange)
- 1 Zitrone (Zeste)
- 2 Esslöffel Maisstärke
- 1 Tasse Zucker
- 2 Tassen Milch
- 3 Tassen frische Früchte (Beeren oder Feigen)

ANWEISUNGEN:
a) In einer Pfanne Eigelb und eine große Portion Zucker verquirlen. Mischen, bis die Mischung schaumig und glatt ist.
b) Die Zimtstange mit Zitronenschale dazugeben. Machen Sie eine gründliche Mischung.
c) Maisstärke und Milch untermischen. Bei schwacher Hitze rühren, bis die Mischung eindickt.
d) Nehmen Sie den Topf aus dem Ofen. Einige Minuten abkühlen lassen.
e) Geben Sie die Mischung in Auflaufförmchen und stellen Sie sie beiseite.
f) Für mindestens 3 Stunden im Kühlschrank ruhen lassen.
g) Zum Servieren den restlichen Zucker über die Auflaufförmchen träufeln.
h) Stellen Sie die Auflaufförmchen auf die unterste Schiene des Boilers. Lassen Sie den Zucker schmelzen, bis er eine goldbraune Farbe annimmt.
i) Als Garnitur mit Früchten servieren.

14. Mandelsorbet

Ergibt: 1 Portion

ZUTATEN:
- 1 Tasse blanchierte Mandeln; getoastet
- 2 Tassen Quellwasser
- ¾ Tasse Zucker
- 1 Prise Zimt
- 6 Esslöffel leichter Maissirup
- 2 Esslöffel Amaretto
- 1 Teelöffel Zitronenschale

ANWEISUNGEN:
a) Mahlen Sie die Mandeln in einer Küchenmaschine zu Pulver. In einem großen Topf Wasser, Zucker, Maissirup, Likör, Schale und Zimt vermischen und dann die Erdnüsse hinzufügen.

b) Bei mittlerer Hitze ständig rühren, bis sich der Zucker auflöst und die Mischung kocht. 2 Minuten kochen lassen

c) Zum Abkühlen beiseite stellen. Rühren Sie die Mischung mit einer Eismaschine um, bis sie halb gefroren ist.

d) Wenn Sie keine Eismaschine haben, geben Sie die Mischung in eine Edelstahlschüssel und frieren Sie sie ein, bis sie hart ist. Rühren Sie dabei alle 2 Stunden um.

15. Mascarpone-Käse-Tiramisu

Macht: 6

ZUTATEN:
- 4 Eigelb
- ¼ Tasse weißer Zucker
- 1 Esslöffel Vanilleextrakt
- ½ Tasse Schlagsahne
- 2 Tassen Mascarpone-Käse
- 30 Löffelbiskuits
- 1½ Tassen eiskalt gebrühter Kaffee im Kühlschrank aufbewahrt
- ¾ Tasse Frangelico-Likör
- 2 Esslöffel ungesüßtes Kakaopulver

ANWEISUNGEN:
a) In einer Rührschüssel Eigelb, Zucker und Vanilleextrakt cremig rühren.
b) Danach die Schlagsahne schlagen, bis sie fest ist.
c) Den Mascarpone-Käse und die Schlagsahne verrühren.
d) In einer kleinen Rührschüssel den Mascarpone leicht unter das Eigelb heben und beiseite stellen.
e) Den Likör mit dem kalten Kaffee vermischen.
f) Tauchen Sie die Löffelbiskuits sofort in die Kaffeemischung. Wenn die Löffelbiskuits zu nass werden, werden sie durchnässt.
g) Legen Sie die Hälfte der Löffelbiskuits auf den Boden einer 23 x 33 cm großen Auflaufform.
h) Die Hälfte der Füllmasse darauf geben.
i) Die restlichen Löffelbiskuits darauflegen.
j) Decken Sie die Form mit einem Deckel ab. Danach 1 Stunde kalt stellen.
k) Mit Kakaopulver bestäuben.

16. Veganes Tiramisu

Ergibt: 6 Portionen

ZUTATEN:
- 1 Tasse fester Tofu, abgetropft und trockengepresst
- 8-Unzen-Behälter mit veganem Frischkäse
- 1/2 Tasse veganes Vanilleeis, weich
- 1 Teelöffel reiner Vanilleextrakt
- 1/3 Tasse plus 1 Esslöffel feinster Zucker
- 1/2 Tasse Kaffee, auf Raumtemperatur abgekühlt
- 2 Esslöffel Kaffeelikör
- 1 veganer Rührkuchen, in 1/2 Zoll dicke Scheiben geschnitten
- 1 Esslöffel ungesüßtes Kakaopulver

ANWEISUNGEN:
a) In einer Küchenmaschine Tofu, Frischkäse, Eiscreme, Vanille und 1/3 Tasse Zucker vermischen. Verarbeiten, bis alles glatt und gut vermischt ist.
b) In einer kleinen Schüssel den Kaffee, den restlichen 1 Esslöffel Zucker und den Kaffeelikör vermischen.
c) Legen Sie eine einzelne Schicht Kuchenstücke in eine quadratische Backform mit einem Durchmesser von 20 cm und bestreichen Sie sie mit der Hälfte der Kaffeemischung. Mit der Hälfte des Kakaos bestreuen. Die Hälfte der Tofu-Mischung auf dem Kuchen verteilen. Eine weitere Schicht Kuchenstücke auf die Tofu-Mischung legen. Mit der restlichen Kaffeemischung bestreichen und mit der restlichen Tofumischung gleichmäßig verteilen. Mit dem restlichen Kakao bestreuen. 1 Stunde vor dem Servieren kalt stellen.

17. Mit Schmetterlingserbsen angereicherte Panna Cotta

Ergibt: 4 Portionen

ZUTATEN:
- 1/2 Tasse Vollmilch
- 2 Tassen Sahne
- 1/4 Tasse Kristallzucker
- 3 Blatt Gelatine
- 2 EL getrocknete Schmetterlingserbsenblüten
- 1/2 TL Vanilleextrakt

ANWEISUNGEN
a) Wenn Sie planen, die Panna Cotta auf Tellern auszuformen, fetten Sie die Innenseite der Gläser leicht mit Pflanzenöl ein und wischen Sie den größten Teil des Öls mit einem Papiertuch ab, so dass nur leichte Rückstände zurückbleiben. Andernfalls können Sie sie unbeschichtet lassen.
b) Das Gelatineblatt in kaltem Wasser einweichen, bis es weich ist. Beiseite legen.
c) In einem mittelgroßen Topf Milch, Sahne und Zucker erhitzen, bis sie köcheln, aber nicht kochen.
d) Vom Herd nehmen.
e) Drücken Sie die Gelatine aus, um überschüssiges Wasser zu entfernen, und geben Sie sie unter ständigem Rühren in die Pfanne, bis die Gelatine geschmolzen ist.
f) Vanilleextrakt und getrocknete Schmetterlingserbsenblüten hinzufügen. Lassen Sie die Mischung 15 Minuten ziehen oder bis die Mischung blau ist.
g) Die Mischung durch ein feines Sieb passieren und gleichmäßig auf die vorbereiteten Formen verteilen. Mindestens 4 Stunden oder über Nacht kühl stellen, bis es fest ist.
h) Zum Herausnehmen aus der Form tauchen Sie den Boden der Form 5 Sekunden lang in einen Topf mit heißem Wasser, um die Panna Cotta zu lösen. Führen Sie ein Messer um den Rand herum und stürzen Sie es dann vorsichtig auf einen Servierteller.
i) Am besten kalt servieren.

18. Vanille-Kokos-Panna Cotta mit Hibiskusbeerensauce

Ergibt: 2 große Portionen

VANILLE-KOKOSNUSS-PANNA-COTTA:
- 1 Packung granulierte Gelatine
- 3/4 Tasse Kokosmilch
- 1 Tasse Kokoscreme
- 1 Tasse Sahne
- 2 Esslöffel Puderzucker
- 1/2 Teelöffel Vanilleschotenpaste

HIBISKUS-BEERENSAUCE
- 1/2 Tasse frische oder gefrorene gemischte Beeren
- 4 getrocknete Hibiskusblüten
- 1/4 Esslöffel Puderzucker

ANWEISUNGEN
VANILLE-KOKOSNUSS-PANNA-COTTA:
a) Bereiten Sie vier Auflaufförmchen, Formen oder Gläser mit einem Fassungsvermögen von 110 ml oder mehr vor, indem Sie sie ganz leicht mit Kokosöl oder Pflanzenöl einfetten. Sie können diesen Schritt überspringen, wenn Sie die Panna Cotta nicht auf eine Form legen. Als Formen habe ich 4 französische Weingläser verwendet. Sie können es aber zum Servieren auch problemlos im Glas belassen.
b) Streuen Sie die Gelatine in einer kleinen Schüssel über 3 Esslöffel kaltes Wasser. Mischen und ruhen lassen, damit es weich wird.
c) In einem kleinen Topf bei mittlerer Hitze die Kokosmilch und die Sahne erhitzen, bis sie an den Rändern leicht zu sprudeln beginnen. Reduzieren Sie die Hitze und geben Sie die weiche Gelatine hinzu, bis sie vollständig geschmolzen ist.
d) Nehmen Sie die Pfanne vom Herd und bereiten Sie eine große Schüssel mit Eiswasser vor. Die Kokos-Gelatine-Mischung in eine etwas kleinere Schüssel abseihen und diese Schüssel in das Eiswasser stellen. Kratzen Sie die Schüssel vorsichtig mit einem Gummispatel ab und mischen Sie, bis die Mischung abkühlt und

anfängt einzudicken. Wenn die Mischung anfängt auszuhärten, entfernen Sie sie sofort.

e) Gießen Sie das Eiswasser aus der großen Schüssel aus und wischen Sie es sauber. Die Sahne in die Schüssel geben und den Puderzucker unterrühren, bis er sich aufgelöst hat. Nach und nach die Kokosgelatine hinzufügen, bis alles vollständig vermischt ist. Versuchen Sie, nicht zu kräftig zu mischen, um die Bildung von Luftblasen zu verhindern.

f) Gießen Sie die Mischung in Ihre vorbereiteten Auflaufförmchen, Gläser oder Formen. Für mindestens 4 Stunden oder bis es fest ist in den Kühlschrank stellen.

g) Um Ihre Panna Cotta aus der Form zu lösen, halten Sie die Seiten Ihrer Form unter warmes Wasser, bis sie sich zu lösen beginnt. Ziehen Sie die Panna Cotta mit dem Finger vorsichtig vom Rand ab. Dann auf die Servierplatte stürzen.

HIBISKUS-BEER-SAUCE:

h) In einem kleinen Topf bei mittlerer Hitze 1 Tasse Wasser mit Puderzucker vermischen. Zum Kochen bringen und 1 Minute kochen lassen. Vom Herd nehmen und die Hibiskusblüten hinzufügen. Beiseite stellen und 30 Minuten ziehen lassen.

i) Hibiskusblüten aus dem Sirup nehmen und wegwerfen oder zum Garnieren aufbewahren. Geben Sie die Beeren in die Pfanne, stellen Sie sie wieder auf den Herd und erhitzen Sie sie auf mittlerer Stufe.

j) Zum Kochen bringen und kochen, bis es leicht eingedickt ist. Wenn Sie gefrorene Beeren verwenden, versuchen Sie, nicht zu viel umzurühren, um die Beeren aufzubrechen, oder bewahren Sie 1/4 der Beeren auf, um sie hinzuzufügen, nachdem die Soße zu verdicken beginnt.

k) Die Soße in den Kühlschrank stellen und vor dem Servieren mindestens 2 Stunden kalt stellen.

19. Blaubeer- und Fliedersirup Panna Cotta

Ergibt: 2 Panna Cottas

ZUTATEN:
FÜR DEN LILA SIRUP
- 1 Tasse lila Blüten
- 240 g weißer Zucker
- 250 ml Wasser

FÜR DIE PANNA COTTA
- 3 Gramm Gelatineblatt
- 200 ml Sahne Vollcreme
- 80 Gramm Blaubeeren
- 30 Gramm Fliedersirup
- 40 Gramm weißer Zucker

FÜR DAS HEIDELBEER-COULIS
- 100 Gramm frische Blaubeeren
- 30 Gramm weißer Zucker
- 10 ml Zitronensaft

FÜR DIE GANACHE AUS WEISSER SCHOKOLADE
- 60 Gramm Vollrahm
- 100 Gramm weiße Schokolade

ZUM PLATTIEREN
- 5-8 Blaubeeren pro Teller
- Eine kleine Handvoll lila Blüten

FÜR DEN LILA SIRUP

a) Entfernen Sie die einzelnen Fliederblüten von ihrem Stiel. Achten Sie darauf, nur die violetten Blüten zu nehmen und alle braunen Blüten und grünen Stängel wegzuwerfen. Fliederblüten waschen.

b) Blumen, Zucker und Wasser in einen Topf geben. Bei mittlerer Hitze zum Kochen bringen und weitere 10 Minuten köcheln lassen. Vom Herd nehmen und durch ein Drahtsieb passieren. Verwenden Sie die Rückseite eines Metalllöffels, um so viel Farbe und Aroma wie möglich aus den Blüten herauszudrücken.

c) Lassen Sie den Sirup auf Raumtemperatur abkühlen und stellen Sie ihn dann in den Kühlschrank. Kann eine Woche im Voraus zubereitet werden.

FÜR DIE PANNA COTTA

d) Legen Sie Gelatineblätter in ausreichend kaltes Wasser, um die Blätter zu bedecken. Wenn Sie sie noch nicht verwendet haben, müssen Sie sich keine Sorgen machen, dass sich die Gelatineblätter auflösen. Sie halten im kalten Wasser wie ein Blatt zusammen, werden aber schlaff.

e) Sahne, Blaubeeren, Fliedersirup und Zucker in einen Topf geben. Bei mittlerer Hitze fast köcheln lassen. Wenn Sie Blasen sehen, nehmen Sie es vom Herd und mixen Sie es mit einem Stabmixer, bis eine glatte Masse entsteht. Auf mittlere Hitze zurückstellen und zum Köcheln bringen. Vom Herd nehmen.

f) Nehmen Sie Gelatineblätter aus dem Wasser und schütteln Sie überschüssiges Wasser ab. Zur heißen Sahne hinzufügen und vorsichtig umrühren, bis sie sich aufgelöst und gut eingearbeitet hat.

g) Die Panna-Cotta-Mischung durch ein Sieb passieren. In Formen gießen und ohne Deckel auf Raumtemperatur abkühlen lassen. Dies wird mindestens eine Stunde dauern. Sobald es Raumtemperatur erreicht hat, abdecken und über Nacht in den Kühlschrank stellen. Kann ein paar Tage im Voraus zubereitet werden.

FÜR DAS HEIDELBEER-COULIS

h) Bereiten Sie das Blaubeercoulis am Tag des Servierens zu. Blaubeeren, Zucker und Zitronensaft in einen Topf geben und mit einem Stabmixer glatt rühren. Bei mittlerer Hitze zum Köcheln bringen und köcheln lassen, bis die Coulis eingedickt ist. Ähnlich der Konsistenz traditioneller Marmelade, aber nicht trocken.

i) Beiseite stellen und auf Raumtemperatur abkühlen lassen.

FÜR DIE GANACHE

j) Die Schokolade in kleine Stücke oder Späne schneiden und in eine saubere Schüssel geben. Beiseite legen.

k) Sahne in einen kleinen Topf geben. Bei mittlerer Hitze zum Köcheln bringen. Lassen Sie es nicht aus den Augen. Sahne neigt dazu, sehr schnell überzukochen. Vom Herd nehmen und unter die weiße Schokolade rühren. Rühren Sie weiter, bis sich die Schokolade vollständig aufgelöst hat und eine glatte Ganache entsteht. In ein kleines Ausgießgefäß füllen. Einzelne Gefäße pro Gast sind sinnvoll, aber in einem gemeinsamen Gefäß kann der Streit um die restliche Ganache Spaß machen.

l) Bezüglich des Zeitpunkts während des Essens sollte die Ganache so kurz wie möglich vor dem Servieren zubereitet werden. Ich stelle den Topf mit der Sahne in den Kühlschrank und lasse die geraspelte Schokolade in der Schüssel bei Zimmertemperatur bereit stehen. Wenn der Hauptgang fertig ist, mache ich schnell die Ganache und gieße sie in das Serviergefäß. Dann lege ich die Panna Cotta auf den Teller.

ÜBERZUG

m) Stellen Sie sicher, dass Ihre Utensilien, Teller und alle Zutaten auf Raumtemperatur abgekühlt sind. Wenn Sie etwas Warmes auf oder unter die Panna Cotta legen, schmilzt sie. Waschen Sie die frischen Fliederblüten und Blaubeeren und legen Sie sie zum Trocknen auf ein Handtuch.

n) Um die Panna Cotta aus den Formen zu lösen, nehmen Sie ein scharfes Messer. Halten Sie die Panna Cotta auf der Seite und platzieren Sie die Messerspitze zwischen der Innenseite der Form und der Panna Cotta. Drücken Sie das Messer langsam hinein und achten Sie darauf, die Panna Cotta nicht zu durchstechen. Das Gewicht der Panna Cotta beginnt, sie von den Rändern der Form wegzuziehen. Lassen Sie sich dabei von der Schwerkraft helfen. Sobald es beginnt, sich abzulösen, beginnen Sie, die Form schrittweise zu rollen, bis sie sich vollständig von den Rändern löst. Halten Sie die Form weiterhin auf der Seite.

o) Legen Sie den Teller an die Öffnung der Form, während Sie noch auf der Seite liegen, und zwar genau dort, wo die Panna Cotta auf dem Teller sein soll. Drehen Sie dann die Form mit dem Teller darunter auf den Kopf. So wie man ein Gelee herstellen würde. Wenn Sie Schwierigkeiten haben, sie herauszubekommen, können Sie den Boden der Form schnell in sehr heißes Wasser tauchen. Achten Sie dabei darauf, dass kein Wasser in die Panna Cotta gelangt.

p) Geben Sie mit einem kleinen Löffel etwas Coulis auf jede Panna Cotta. Mit der Rückseite des Löffels die Coulis vorsichtig bis zum Rand der Panna Cotta verteilen.

q) Jeden Teller mit Blaubeeren und Blumen dekorieren. Ich schneide oft das untere Drittel einer der Blaubeeren ab, sodass es aussieht, als wäre es in die Oberseite der Panna Cotta eingetaucht.

r) Vergessen Sie nicht, die Ganache auf den Tisch zu stellen!

20. Honig-Kamille-Panna-Cotta

Ergibt: 4 Portionen

ZUTATEN:
- 1/2 Tasse Vollmilch
- 2 Tassen Sahne
- 1/4 Tasse Kristallzucker
- 3 Blatt Gelatine
- 1/2 TL Vanilleextrakt
- 1 Tasse getrocknete Kamillenblüten
- Honig, zum Garnieren

ANWEISUNGEN

a) Wenn Sie planen, die Panna Cotta auf Tellern auszuformen, fetten Sie die Innenseite der Gläser leicht mit Pflanzenöl ein und wischen Sie den größten Teil des Öls mit einem Papiertuch ab, so dass nur leichte Rückstände zurückbleiben. Andernfalls können Sie sie unbeschichtet lassen.
b) Das Gelatineblatt in kaltem Wasser einweichen, bis es weich ist. Beiseite legen.
c) In einem mittelgroßen Topf Milch, Sahne und Zucker erhitzen, bis sie köcheln.
d) Vom Herd nehmen.
e) Drücken Sie die Gelatine aus, um überschüssiges Wasser zu entfernen, und geben Sie sie unter ständigem Rühren in die Pfanne, bis die Gelatine geschmolzen ist.
f) Vanilleextrakt und getrocknete Kamillenblüten hinzufügen. Lassen Sie die Mischung 10–15 Minuten ziehen.
g) Die Mischung durch ein feines Sieb passieren und gleichmäßig auf die vorbereiteten Formen verteilen. Mindestens 4 Stunden oder über Nacht kühl stellen, bis es fest ist.
h) Zum Herausnehmen aus der Form tauchen Sie den Boden der Form 5 Sekunden lang in einen Topf mit heißem Wasser, um die Panna Cotta zu lösen. Führen Sie ein Messer um den Rand herum und stürzen Sie es dann vorsichtig auf einen Servierteller.

21. Rosenjoghurt-Panna Cotta

Ergibt: 2 Portionen

ZUTATEN:
- 1/2 Tasse frische Sahne
- 1/2 Tasse Joghurt
- 1 EL Zucker
- 3 EL Rosensirup
- 1/4 TL Rosenfarbe
- 1,5 TL Agar-Agar
- 1 EL Wasser
- Ein paar Tropfen Rosenessenz
- Pistazien

ANWEISUNGEN:
a) In einer großen Schüssel Joghurt, 1 EL Sahne, Rosensirup und Rosenessenz vermischen und verrühren, bis alles gut vermischt und glatt ist.
b) In einer kleinen Schüssel das Agar-Pulver mit warmem Wasser verrühren, bis alles gut vermischt ist.
c) In einer kleinen Pfanne oder einem Topf die restliche Sahne und den Zucker auf niedriger bis mittlerer Flamme erhitzen und dabei häufig umrühren. Sobald sich der Zucker aufgelöst hat, fügen Sie die Agarpulvermischung hinzu und rühren Sie weiter, bis die Mischung heiß ist und köchelt, aber nicht kocht. Es dauert etwa 1-2 Minuten. Achten Sie darauf, diese Mischung nicht zu kochen.
d) Gießen Sie diese Mischung nun in die Joghurtmischung und verrühren Sie alles, bis alles gut vermischt ist. Sie müssen dies schneller tun, da der Agar anfängt auszuhärten.
e) Verteilen Sie diese Panna-Cotta-Mischung auf gefettete oder Silikonschüsseln und stellen Sie sie in den Kühlschrank, bis sie fest ist, oder mindestens 4 Stunden lang.
f) Rose Yogurt Panna Cotta aus den Förmchen lösen und mit gehackten Pistazien obendrauf servieren.

22. Gulab Panna Cotta

ZUTATEN:
- 2 Tassen frische Sahne
- 1/4 Tasse Rosensirup
- 2 1/2 TL Agar-Agar-Gelatine
- 1/4 Tasse Puderzucker
- nach Bedarf Falooda zum Servieren
- Nach Bedarf Süße Rosencreme zum Garnieren
- nach Bedarf Kleine Geleewürfel zum Garnieren
- 8-10 frische Rosenblätter
- 1/2 Tasse Zucker
- 1/2 TL flüssige Glukose

ANWEISUNGEN:

a) Einen Esslöffel Wasser in eine Schüssel geben. Gelatine hinzufügen und zum Aufblühen beiseite stellen. Sahne in einer beschichteten Pfanne erhitzen und zum Kochen bringen. Puderzucker hinzufügen und gut vermischen. Die aufgeblühte Gelatine 30 Sekunden lang in der Mikrowelle erhitzen und zur Sahne geben. Gut vermischen und kochen, bis sich die Gelatine vollständig aufgelöst hat.

b) Die Mischung in eine andere Schüssel abseihen, Rosensirup hinzufügen und gut verquirlen. Die Mischung in eine Glasbackform gießen. 2–3 Stunden im Kühlschrank lagern oder bis es fest ist.

c) Um Rosenkrokant zu machen, erhitzen Sie eine beschichtete Pfanne, geben Sie Zucker und etwas Wasser hinzu, lassen Sie den Zucker schmelzen und hacken Sie die Rosenblätter grob. Geben Sie flüssige Glukose in die Pfanne und vermischen Sie alles gut. Fügen Sie gehackte Rosenblätter hinzu und vermischen Sie es. Gießen Sie die Mischung auf ein Silikon Matten, verteilen und abkühlen lassen, bis es fest wird.

d) Die Pannacotta mit einem mittelgroßen Ausstecher in Rondelle schneiden und aus der Form nehmen.

e) Legen Sie die Pannacotta-Rondelle auf eine flache Servierplatte und legen Sie einige Krokantstücke auf die Seiten, einige davon zum Garnieren. Legen Sie etwas Falooda auf eine Seite der Pannacotta, garnieren Sie es mit einigen Krokantstücken und träufeln Sie etwas Rosensirup darüber. Garnieren Sie etwas süße Rose Sahne, Rosengelee, bunte essbare Blüten, Blütenblätter und sofort servieren.

23. Ingwer-Rose-Panna-Cotta

Ergibt: 4 Portionen

ZUTATEN:
- 1 Tasse Milch
- 1/2 Tasse Sahne
- 1/4 Tasse Zucker oder je nach Geschmack
- 1/4 Tasse Ingwer, gehackt
- 1 TL Rosenessenz
- Wenige Zitronenschale
- 10 g Agar-Agar

ANWEISUNGEN:
a) Agar-Agar 15–20 Minuten in Wasser einweichen.
b) Milch in einen Topf geben, Sahne und Zucker hinzufügen, verrühren und köcheln lassen.
c) Ingwer und Zitronenschale hinzufügen und einige Minuten kochen lassen.
d) Abdecken und ausschalten. 20 Minuten ruhen lassen.
e) Nun die Mischung abseihen.
f) Zurück in den Topf geben und köcheln lassen.
g) In der Zwischenzeit das eingeweichte Agar-Agar mit Wasser in einen Topf geben und köcheln lassen, bis das Agar-Agar schmilzt. Fügen Sie dies der obigen Mischung hinzu.
h) Kochen, bis alles gut vermischt ist. Ausschalten und Rosenessenz hinzufügen. Mischen. Etwas abkühlen.
i) Nehmen Sie eine beliebige Form und gießen Sie die Panna-Cotta-Mischung langsam hinein.
j) Bis zum Festwerden im Kühlschrank aufbewahren.
k) Aus der Form nehmen und mit einer beliebigen Soße oder Sirup servieren. Hier habe ich mit Erdbeersauce serviert.

24. Mini-Tiramisu-Kleinigkeiten

Ergibt: 6 Portionen

ZUTATEN:
FÜR DIE MASCARPONE-FÜLLUNG
- 20 Unzen Mascarpone-Käse
- 3 Esslöffel Zucker
- 1 Tasse schwere Schlagsahne, kalt
- ½ Tasse Puderzucker
- 1 Teelöffel Vanilleextrakt

FÜR ESPRESSO-getränkte Marienfinger
- ¾ Tasse heißes Wasser
- 3 Esslöffel Instant-Espressopulver
- 3 Esslöffel Zucker
- 36 weiche Löffelbiskuits

FÜR DIE KAHLUA-SCHLAGSCREME
- ½ Tasse schwere Schlagsahne
- ¼ Tasse Puderzucker
- 2 Esslöffel Kahlua

ANWEISUNGEN:

a) Mascarpone-Käse und Zucker vermischen, bis alles gut vermischt ist. Nicht zu viel mischen, sonst kann der Mascarpone-Käse dünner werden. Beiseite legen.

b) In einer anderen Schüssel die Schlagsahne, den Puderzucker und den Vanilleextrakt hinzufügen und schlagen, bis sich steife Spitzen bilden.

c) Die Schlagsahne vorsichtig unter die Mascarpone-Käse-Mischung heben. Beiseite legen.

d) In einer anderen Schüssel heißes Wasser, Espressopulver und Zucker vermischen.

e) Um die Trifles zu schichten, tauchen Sie die Löffelbiskuits nacheinander in die Espressomischung und legen Sie sie auf den Boden der Trifle-Tasse. Verwenden Sie zwei bis drei Löffelbiskuits und brechen Sie sie nach Bedarf in Stücke, damit sie in die Tasse passen und eine volle Schicht bilden.

f) Eine Schicht Mascarpone-Füllung auf die Löffelbiskuits spritzen oder löffeln.

g) Wiederholen Sie den Vorgang mit einer weiteren Schicht Löffelbiskuits und Mascarpone-Füllung.

h) Nachdem Sie die Kleinigkeiten erledigt haben, bereiten Sie die Schlagsahne zu.

i) Die schwere Schlagsahne, den Puderzucker und Kahlua in eine große Rührschüssel geben und schlagen, bis sich steife Spitzen bilden.

j) Auf jedes Trifle einen Klecks Schlagsahne geben und nach Belieben mit Kakaopulver bestreuen.

k) Die Kleinigkeiten bis zum Servieren im Kühlschrank aufbewahren.

25. Tiramisu-Eis

Macht: 8

ZUTATEN:
- 2 ½ Tassen Sahne
- 2 Tassen Vollmilch
- 1 Vanilleschote, der Länge nach halbiert und das Mark herausgeschabt
- 8 große Eigelb
- ¾ Tasse Zucker
- ¼ Teelöffel Salz
- 20 Löffelbiskuits, plus mehr zum Servieren
- ¼ Tasse starker, gekühlter Kaffee
- ¼ Tasse Amaretto-Likör
- ½ Tasse hochwertige Fudgesauce

ANWEISUNGEN:

a) Sahne, Milch, Vanilleschoten und die Vanilleschote in einem Topf vermischen und bei mittlerer Hitze erhitzen, bis es heiß ist, aber nicht kocht.

b) Vom Herd nehmen und etwa 30 Minuten abkühlen lassen.

c) Eigelb, Zucker und Salz in einer großen Schüssel vermischen und schlagen, bis die Mischung ihr Volumen verdreifacht hat und dick und cremig ist.

d) Reduzieren Sie die Mixergeschwindigkeit auf mittel-niedrig und gießen Sie die Milchmischung langsam hinein.

e) Geben Sie die Mischung zurück in den Topf und kochen Sie sie bei mittlerer Hitze und ständigem Rühren, bis sie dick genug ist, um die Rückseite eines Löffels zu bedecken.

f) Die Mischung durch ein Maschensieb in eine Schüssel abseihen, die in einem Eiswasserbad steht.

g) Gießen Sie die Mischung durch ein Maschensieb in eine Schüssel, die in einem Eiswasserbad steht.

h) Im Kühlschrank mindestens eine Stunde kalt stellen.

i) In einer Eismaschine einfrieren.

j) Während die Mischung gefriert, Löffelbiskuits zubereiten. Mischen Sie zu gleichen Teilen Amaretto und starken Kaffee und tauchen Sie die Löffelbiskuits schnell in die Mischung, sodass die Löffelbiskuits zwar durchnässt sind, aber ihre Knusprigkeit behalten.

k) Bevor Sie die Schüssel in den Gefrierschrank stellen oder essen, fügen Sie die Fudgesauce und die eingeweichten Löffelbiskuits hinzu.

l) Im Gefrierschrank kalt stellen, bis es fest ist.

m) Zum Servieren mehrere Löffelbiskuits in eine Schüssel geben, mit Kaffee-Amaretto-Mischung beträufeln und mit Tiramisu-Eis belegen.

26. Tiramisu-Törtchen

Ergibt: 6 Portionen

ZUTATEN:
FÜR DIE KRUSTE:
- 4 Teelöffel Puderzucker
- 2 Teelöffel holländisches Kakaopulver
- 2 Esslöffel Allzweckmehl
- ½ Teelöffel Maisstärke
- ¼ Teelöffel Instant-Espressopulver
- Prise Salz
- 1 ½ Esslöffel kalte, ungesalzene Butter, in kleine Würfel schneiden
- Spritzer Vanilleextrakt

FÜR DIE FÜLLUNG:
- 3 Unzen Mascarpone-Käse, bei Zimmertemperatur
- 2 Esslöffel Zucker
- 1 ½ Esslöffel Marsala
- Spritzer Vanilleextrakt

FÜR GARNIEREN:
- Eine kleine Tafel halbsüße oder bittersüße Schokolade oder holländisches Kakaopulver

ANWEISUNGEN:

a) Puderzucker, Kakaopulver, Allzweckmehl, Maisstärke, Espressopulver und Salz in eine Mini-Küchenmaschine geben. Zum Kombinieren ein paar Mal pulsieren.

b) Die kalten Butterwürfel und die Vanille dazugeben und zerkleinern, bis sich kleine Krümel bilden.

c) Verteilen Sie die Füllung auf zwei 8,9 cm große Törtchenformen und drücken Sie die Krümel mit der Rückseite eines abgerundeten Esslöffels auf den Boden und an den Seiten. Für mindestens 15 Minuten in den Gefrierschrank stellen.

d) Den Ofen auf 325 Grad vorheizen.

e) Die Törtchenformen auf ein Backblech legen und 8 bis 10 Minuten backen. Zum vollständigen Abkühlen auf ein Kuchengitter legen.

f) In einer kleinen Schüssel Frischkäse, Zucker, Marsala und Vanille glatt rühren.

g) Die Füllung auf die beiden abgekühlten Krusten verteilen.

h) Reiben Sie zum Garnieren etwas halb- oder bittersüße Schokolade oder sieben Sie ein wenig holländischen Kakao über jedes Törtchen.

27. Weiße Schokoladen-Tiramisu-Puddingbecher

Ergibt: 6 Portionen

ZUTATEN:
- 10 italienische Ladyfingers
- ½ Tasse gebrühter Kaffee, abgekühlt, geteilt
- 4 Unzen Mascarpone-Käse, weich
- 1 ½ Tassen Milch
- 3,9-Unzen-Packung Instant-Puddingmischung mit weißer Schokolade und Vanilleschoten
- 8-Unzen-Behälter mit Schlagsahne, geteilt
- weiße Schokoladenspäne, optional

ANWEISUNGEN:
a) Legen Sie die Lady Fingers in einen Plastikbeutel mit Reißverschluss und zerdrücken Sie sie mit einem Holzhammer oder Nudelholz, bis grobe Krümel entstehen.
b) Verteilen Sie die Krümel gleichmäßig auf 6 kleine Schüsseln. Bestreuen Sie mit einem Teelöffel Löffelbiskuitkrümel mit ¼ Tasse Kaffee. Sie verwenden etwa 2 Teelöffel Kaffee pro Portion.
c) Geben Sie den Mascarpone-Käse, die Milch, ¼ Tasse Kaffee und die Puddingmischung in einen Mixer und mixen Sie bei mittlerer Geschwindigkeit etwa 30 Sekunden lang, bis eine glatte Masse entsteht.
d) Geben Sie die Puddingmischung mit einem Gummispatel in eine große Schüssel. Die Hälfte des geschlagenen Belags unterheben.
e) Die Füllung gleichmäßig auf die 6 Servierschalen löffeln oder spritzen. Abdecken und 4 Stunden oder über Nacht kalt stellen.
f) Vor dem Servieren mit der restlichen Schlagsahne und weißen Schokoladenraspeln belegen.

28. Zitronen-Tiramisu

Macht: 8-10

ZUTATEN:
- 2 Zitronen, Saft und Schale davon
- 4 Esslöffel Brandy oder 4 Esslöffel weißer Rum
- 4 Unzen Puderzucker, geteilt
- 9-Unzen-Paket Biskuitstäbchen
- Zwei 9-Unzen-Behälter Mascarpone-Käse
- 4–5 Esslöffel Zitronenquark
- 2 große Eier, getrennt
- 150 ml Sahne
- 1 Zitrone, Schale, fein gerieben, gemischt mit etwas Demerara-Zucker

ANWEISUNGEN:

a) Zitronensaft, Brandy und 2 Unzen Zucker in einer flachen Schüssel vermischen.

b) Beiseite stellen, damit der Zucker Zeit hat, sich aufzulösen.

c) Bereiten Sie eine 9-Zoll-Springform vor; Den Boden mit Backpapier auslegen.

d) In einer sehr sauberen Schüssel mit sauberen Rührgeräten das Eiweiß verquirlen, bis sich weiche Spitzen bilden. Beginnen Sie langsam und erhöhen Sie die Geschwindigkeit allmählich.

e) Schlagen Sie die Sahne ebenfalls weich auf.

f) Den restlichen Zucker, Mascarpone, Lemon Curd, Eigelb und Zitronenschale verrühren.

g) Anschließend die Sahne unter die Mascarpone-Mischung heben und anschließend mit einem Metalllöffel das Eiweiß unterheben.

h) Rühren Sie die Zitronen-Brandy-Mischung um und tauchen Sie die Finger hinein, legen Sie den Boden der Form damit aus und streuen Sie etwas zusätzliche Flüssigkeit über die Kekse. Normalerweise reicht es aus.

i) Die Hälfte der Mascarpone-Mischung über die Kekse geben, die restlichen Fingerspitzen eintauchen und darauf verteilen. Nochmals mit Brandy-Zitronensaft beträufeln, falls noch etwas übrig ist, gefolgt vom Rest der Mascarpone.

j) Die Oberfläche mit einem Spachtel glätten, abdecken und über Nacht im Kühlschrank ruhen lassen.

k) Zum Servieren die Zitronen-Zucker-Mischung darüber streuen, aus der Form nehmen, auf einen Servierteller legen und in Spalten schneiden.

29. Kürbis-Gewürz-Tiramisu-Kuchen

Ergibt: Einen 9-Zoll-Kuchen

ZUTATEN:
- 1 ½ Tassen Sahne
- 2 große Eier, getrennt
- ⅓ Tasse plus 1 Esslöffel Zucker
- 1 Tasse Mascarpone, bei Zimmertemperatur
- ½ Tasse Kürbispüree aus der Dose
- 1 ½ Teelöffel Kürbiskuchengewürz
- 1 ½ Tassen gebrühter Espresso, bei Zimmertemperatur
- 5,3-Unzen-Packung Löffelbiskuits
- Zartbittere oder halbsüße Schokolade zum Rasieren

ANWEISUNGEN:

a) In der Schüssel einer Küchenmaschine mit Schneebesenaufsatz die Sahne bei mittlerer bis hoher Geschwindigkeit schlagen, bis sich steife Spitzen bilden. In eine kleine Schüssel umfüllen und im Kühlschrank aufbewahren.

b) In der gereinigten Schüssel der Küchenmaschine mit gereinigtem Schneebesenaufsatz das Eiweiß auf hoher Geschwindigkeit schlagen, bis sich weiche Spitzen bilden. 1 Esslöffel Zucker hinzufügen und schlagen, bis sich steife Spitzen bilden; In eine kleine Schüssel geben.

c) In der gereinigten Schüssel der Küchenmaschine mit gereinigtem Schneebesenaufsatz das Eigelb und die restliche ⅓ Tasse Zucker auf hoher Geschwindigkeit verrühren, bis die Masse eingedickt und hellgelb ist. Mascarpone, Kürbispüree, Kürbiskuchengewürz und ein Drittel der Schlagsahne vorsichtig unter die Eigelbmischung heben. Das geschlagene Eiweiß vorsichtig unterheben und im Kühlschrank aufbewahren.

d) Stellen Sie den Espresso auf einen flachen Teller. Tauchen Sie beide Seiten der Löffelbiskuits in den Espresso und legen Sie sie in eine 9-Zoll-Kuchenform, sodass der Boden vollständig bedeckt ist. Mit der Hälfte der Kürbismischung, weiteren in Espresso getauchten Löffelbiskuits und der restlichen Kürbismischung belegen. Den Kuchen mit der restlichen Schlagsahne und Schokoladenraspeln belegen. Bis zum Servieren 8 Stunden oder bis zu über Nacht im Kühlschrank lagern.

30. Tiramisu Whoopie Pies

Ergibt: 6 Portionen

ZUTATEN:
KEKSE:
- 2 Tassen Mandelmehl
- 3 Esslöffel geschmacksneutrales Molkenprotein
- ½ Tasse Mönchsfrucht-Süßstoffgranulat
- 2 Teelöffel Backpulver
- ½ Teelöffel Backpulver
- ½ Teelöffel Salz
- ½ Tasse Butter in kleine Würfel schneiden
- ½ Tasse kohlenhydratarmer Zuckerersatz oder ½ Tasse Ihres bevorzugten kohlenhydratarmen Süßungsmittels
- 2 große Eier
- 1 Teelöffel Vanilleextrakt
- ½ Tasse vollfette saure Sahne
- Kakaopulver zum Bestäuben

FÜLLUNG:
- ¼ Tasse kalter Espresso oder starker Kaffee
- 1 Esslöffel dunkler Rum
- 8 Unzen Mascarpone-Käse
- 2 Esslöffel kohlenhydratarmer Zuckerersatz
- Prise Salz
- ½ Tasse Sahne
- 2 Teelöffel Vanilleextrakt
- 2 Teelöffel dunkler Rum optional oder mit einem Likör Ihrer Wahl ersetzen

ANWEISUNGEN:

a) Backofen auf 350 °F vorheizen. Besprühen Sie die Whoopie-Pie-Pfanne mit Antihaftspray.

b) Mandelmehl, Proteinpulver, braunen Zucker, Süßstoff, Backpulver, Natron und Salz in einer Schüssel vermischen. Beiseite legen.

c) Butter und Zucker mit einem Mixer bei mittlerer bis hoher Geschwindigkeit cremig schlagen; ca. 2 Minuten.

d) Eier und 1 Teelöffel Vanille hinzufügen und verrühren, bis alles gut vermischt ist. Kratzen Sie die Seiten der Schüssel ab. Sauerrahm hinzufügen und die Mischung trocknen.

e) Geben Sie den Teig mit einem kleinen Teelöffel in jede Whoopie-Pie-Form und füllen Sie dabei etwa ⅔ des Platzes aus. Geben Sie etwas Kakaopulver in ein kleines Sieb und streuen Sie etwas Kakaopulver auf jeden Teiglöffel.

f) Backen, bis die Ränder goldbraun sind, etwa 10–12 Minuten.

g) Auf einem Kuchengitter etwa 10 Minuten abkühlen lassen, dann die Kekse aus der Form nehmen und abkühlen lassen.

h) Sobald die Kekse abgekühlt sind, drehen Sie sie auf dem Rost um.

i) Espresso und 3 Esslöffel dunklen Rum in einer kleinen Schüssel vermischen. Verteilen Sie etwa ¼ Teelöffel der Espressoflüssigkeit auf der Unterseite jedes Kekses.

j) Mascarpone, kohlenhydratarmen Zuckerersatz, Salz, Sahne-Vanille und 1 EL dunklen Rum mit einem Mixer glatt rühren. Einen Teil der Mascarpone-Käse-Mischung auf die Schokoladenhälfte der Kekse geben. Die andere Hälfte der Kekse darauflegen.

k) Sofort servieren oder in den Kühlschrank stellen.

31. Amaretto-Cannoli

Ergibt: 6 Portionen

ZUTATEN:
- 2¾ Tasse Allzweckmehl; gesiebt
- 2 Esslöffel Zucker
- ¼ Tasse Butter
- 1 Ei; geschlagen
- ⅔ Tasse Marsala-Wein; oder Sherry oder süßer Wein
- 1 Eiweiß
- Öl; zum Braten
- 1 Pfund Ricotta-Käse
- 2 Tassen Puderzucker; gesiebt
- ⅓ Tasse kandierte Früchte; fein gehackt (mit kandierten Kirschen vermischt)
- 2 Unzen bittersüße Schokoladenstückchen
- 2 Esslöffel Amaretto; oder Maraschino-Likör

ANWEISUNGEN:

a) Mehl und Zucker mischen und Butter hinzufügen. Nach und nach Ei und Wein hinzufügen und dann eine Kugel formen. Den Teig ca. 5 Minuten lang glattkneten.
b) Abdecken und mindestens 1 Stunde stehen lassen.
c) Füllung: Ricotta-Käse durch ein Sieb in eine Rührschüssel drücken. Zucker hinzufügen und 2 Esslöffel aufbewahren. Kandierte Früchte mit Kirschen und Schokoladenstückchen hinzufügen. Im Kühlschrank kalt stellen.
d) Rollen Sie den Teig in der Zwischenzeit auf einer bemehlten Arbeitsfläche zu hauchdünnen Kreisen mit einem Durchmesser von ca. 10 cm aus. Umwickeln Sie die mit Olivenöl bestrichenen Cannoli-Röhren (siehe unten). Bestreichen Sie die Klappe mit Eiweiß, um sie zu verschließen.
e) Öl auf 380 F erhitzen und den Teig frittieren. Auf mehreren Lagen Papiertüchern abtropfen lassen. Abkühlen lassen, dann die Metallröhrchen vorsichtig herausziehen. Wenn der Teig servierfertig ist und nicht vorher, da er sonst matschig wird, die Füllung durch die größte Öffnung eines Spritzbeutels hineinspritzen.
f) An jedem Ende mehrere Schokoladenstückchen in die Füllung geben.
g) Mit restlichem Puderzucker bestäuben und sofort servieren.

32. Cannoli alla siciliana

Ergibt: 12 Portionen

ZUTATEN:
SCHALEN:
- 2 Tassen Allzweckmehl
- 2 Esslöffel Backfett
- 1 Teelöffel Zucker
- ¼ Teelöffel Salz
- ¾ Tasse Wein, Marsala, Burgunder oder Chablis
- Pflanzenöl

FÜLLUNG:
- 3 Tassen Ricotta
- ½ Tasse Puderzucker
- ¼ Tasse Zimt
- ½ Quadrat ungesüßt
- Schokolade gerieben ODER
- ½ Esslöffel Kakao (beides optional)
- ½ Teelöffel Vanille
- 3 Esslöffel Zitronenschale, gehackt
- 3 Esslöffel Orangenschale, kandiert, gehackt
- 6 glasierte Kirschen, geschnitten

ANWEISUNGEN:
a) SCHALEN: Mehl, Backfett, Zucker und Salz vermischen, nach und nach mit Wein anfeuchten und mit den Fingern verkneten, bis ein ziemlich harter Teig oder eine Paste entsteht. Zu einer Kugel formen, mit einem Tuch abdecken und etwa 1 Stunde ruhen lassen.
b) Schneiden Sie den Teig in zwei Hälften und rollen Sie die Hälfte des Teigs zu einem dünnen, etwa ¼ Zoll dicken Blatt aus.
c) In 4-Zoll-Quadrate schneiden. Legen Sie ein Metallrohr diagonal über jedes Quadrat von einem Punkt zum anderen, wickeln Sie den Teig um das Rohr, indem Sie die beiden Punkte überlappen und die überlappenden Punkte mit etwas Eiweiß verschließen.

d) In der Zwischenzeit Pflanzenöl in einer großen, tiefen Pfanne zum Frittieren erhitzen. Lassen Sie jeweils ein oder zwei Röhrchen in heißes Öl fallen. Vorsichtig braten, bis der Teig eine goldbraune Farbe hat.
e) Aus der Pfanne nehmen, abkühlen lassen und vorsichtig die Schale vom Metallrohr entfernen.
f) Legen Sie die Schalen zum Abkühlen beiseite. Wiederholen Sie den Vorgang, bis alle Schalen fertig sind.
g) FÜLLUNG: Ricotta gründlich mit den gesiebten trockenen Zutaten vermischen. Vanille und Fruchtschale hinzufügen. Gut mischen und vermischen. (Bei Bedarf kann noch etwas geriebene Pistazie hinzugefügt werden). Kühlen Sie den Kühlschrank, bevor Sie die Schalen füllen.
h) Kalte Cannoli-Schalen füllen; Glatte Füllung gleichmäßig an jedem Ende der Schale. Jedes Ende mit einem Stück Glasurkirsche dekorieren und die Schalen mit Puderzucker bestreuen. Bis zum Servieren kühl stellen.
i) Diese sind am besten, wenn sie kurz vor dem Eintreffen Ihres Unternehmens gefüllt werden.

33. Cannoli-Sahnepizza

Ergibt: 1 Portionen

ZUTATEN:
- Dessert-Pizzaschalen
- 1 Tasse Puderzucker
- 6 Tassen Ricotta-Käse, gut abgetropft
- 1¼ Tasse kandierte Früchte, fein gehackt
- 2 Teelöffel Vanilleextrakt
- 2 Unzen halbsüße Miniatur-Schokoladenstückchen
- Ungesalzene Pistazien, grob gehackt
- Ungesüßtes Kakaopulver

ANWEISUNGEN:

a) In einer Küchenmaschine oder Rührschüssel den Puderzucker mit dem Ricotta-Käse schlagen, bis eine glatte und cremige Masse entsteht.

b) Kandierte Früchte, Vanille und Schokoladenstückchen unterheben. Vor der Verwendung abgedeckt zwei bis drei Stunden kalt stellen.

c) Eine Schicht Cannoli-Creme auf den gebackenen Pizzaboden geben.

d) Die gehackten Pistazien über den Käse streuen. Nach Belieben leicht mit Kakaopulver bestäuben.

34. Cannoli-Kuchen

Ergibt: 1 Portionen

ZUTATEN:
- 1½ Pfund Ricotta-Käse
- 1½ Tasse Puderzucker
- 3 Esslöffel Sahne
- 12 Kirschen, geviertelt
- 2 Unzen Baker's süße Schokolade
- 2 Unzen Mandelblättchen
- 1 Vorbereitete Schokoladenkruste
- Geriebene süße Bäckerschokolade

ANWEISUNGEN:
a) Ricotta-Käse, Puderzucker und Sahne in einer großen Rührschüssel vermischen; Gut vermischen, bis eine glatte und cremige Masse entsteht.
b) Kirschen, 2 Unzen Schokolade und Mandeln hinzufügen; umrühren, um es zu vermischen.
c) In die vorbereitete Kruste gießen. Nach Belieben mit geriebener Schokolade bestreuen.
d) Mit Folie abdecken und 3 Stunden vor dem Servieren einfrieren. (Wenn der Kuchen fest wird, lassen Sie ihn vor dem Servieren etwas weicher werden.

35. Cannoli für Kinder

Ergibt: 10 Portionen

ZUTATEN:
- 15 Unzen teilentrahmter Ricotta-Käse
- ⅔ Tasse Puderzucker
- ½ Teelöffel geriebene Orangenschale
- ½ Teelöffel Vanilleextrakt
- 2 Esslöffel Miniatur-Schokoladenstückchen
- 10 Zucker-Eistüten

ANWEISUNGEN:

a) In einer großen Schüssel mit einem Elektromixer auf niedriger Stufe Ricottakäse, Zucker, Orangenschale und Vanille glatt rühren. Schokoladenstückchen unterrühren. Abdecken und 30 Minuten im Kühlschrank lagern.

b) Zum Servieren die Mischung direkt in Eistüten oder in einen Dekorationsbeutel ohne Spitze löffeln und dann in die Eistüten spritzen.

36. Cannoli-Schalen und Füllung

Ergibt: 1 Portionen

ZUTATEN:
- 1½ Tasse Mehl
- ½ Teelöffel Backpulver
- 1 Eiweiß
- ¼ Teelöffel Salz
- 2 Esslöffel Butter
- 8 Unzen Ricotta-Käse
- ½ Tasse Schlagsahne
- ¼ Tasse Puderzucker
- 1 Teelöffel Vanille
- ¼ Tasse Miniatur-Schokoladenstückchen

ANWEISUNGEN:

a) Mehl, Salz und Backpulver sieben. Butter einschneiden; gut durchkneten. Rollen Sie den Teig auf einem bemehlten Brett auf eine Dicke von 1/16 Zoll aus. In 4-Zoll-Quadrate schneiden.

b) Mit einem Nudelholz Quadrate zu Ovalen ausrollen. Wickeln Sie jedes Oval um die Cannoli-Röhre. Den Rand mit Eiweiß verschließen. Jeweils 2 Stück in 350 °C heißem Öl 1 bis 2 Minuten braten. Halten Sie die Röhrchen zum Abtropfen mit Stäbchen fest. 5 Minuten abkühlen lassen. Rohre vorsichtig entfernen. Ergibt 12 Muscheln.

c) Füllung: Im Mixer Käse, Sahne, Zucker und Vanille vermischen. Schokoladenstückchen unterheben. Cannoli-Schalen füllen. Mit Puderzucker bestäuben. Mit Schokoladensirup garnieren. Fülle 12 Muscheln.

37. Tiramisu-Käsekuchen

Macht: 12

ZUTATEN:
KRUSTE:
- 12-Unzen-Packung Löffelbiskuits
- ¼ Tasse ungesalzene Butter, geschmolzen
- 2 Esslöffel Likör mit Kaffeegeschmack

FÜLLUNG:
- Drei 8-Unzen-Packungen weicher Frischkäse
- 8-Unzen-Behälter mit eingeweichtem Mascarpone-Käse
- 1 Tasse weißer Zucker
- 2 Esslöffel Likör mit Kaffeegeschmack
- ¼ Tasse Allzweckmehl
- 2 große Eier
- 1 Teelöffel Sahne oder mehr nach Bedarf
- ¼ Unze halbsüße Schokolade

ANWEISUNGEN:

a) Heizen Sie den Ofen auf 350 Grad F vor.

b) Stellen Sie einen Topf mit Wasser auf den untersten Rost des Ofens.

c) Machen Sie die Kruste: Löffelbiskuits in feine Krümel zerkleinern. Geben Sie die Krümel in eine Schüssel mit geschmolzener Butter und Kaffeelikör. rühren, bis alles gleichmäßig vermischt ist. Auf den Boden einer 9-Zoll-Springform drücken.

d) Füllung zubereiten: Frischkäse, Mascarpone und Zucker in einer großen Schüssel mit einem Elektromixer 2 bis 3 Minuten lang verrühren, bis eine sehr glatte Masse entsteht. Kratzen Sie die Seiten der Schüssel ab und mischen Sie Likör mit Kaffeegeschmack hinein. Mehl und Eier hinzufügen; Bei niedriger Geschwindigkeit glatt rühren. Wenn der Teig zu dick erscheint, Sahne untermischen. Teig über die Kruste gießen.

e) Auf der mittleren Schiene des vorgeheizten Ofens 40 bis 45 Minuten backen, bis es fest ist.

f) Öffnen Sie die Ofentür, schalten Sie den Herd aus und lassen Sie den Käsekuchen 20 Minuten lang auf dem mittleren Rost abkühlen. Aus dem Ofen nehmen, auf ein Kuchengitter legen und noch etwa 30 Minuten vollständig abkühlen lassen.

g) Mindestens 3 Stunden oder über Nacht im Kühlschrank lagern.

h) Zum Servieren halbsüße Schokolade darüber reiben. Führen Sie die Spitze eines Tafelmessers um die Ränder der Pfanne herum, entriegeln Sie sie und entfernen Sie die Seiten. Schieben Sie den Käsekuchen vorsichtig vom Pfannenboden und auf einen Servierteller.

38. Mangomisu

Ergibt: 6 Portionen

ZUTATEN:
- 500 g Mascarpone-Käse
- 600 ml eingedickte Sahne
- ⅓ Tasse Puderzucker
- 2 Eigelb
- 1 Vanilleschote, gespalten, Mark ausgekratzt
- ½ Tasse Grand Marnier
- Saft von 2 Orangen
- 300g Löffelbiskuits
- 3 Mangos, Fruchtfleisch in 1 cm dicke Scheiben geschnitten
- Himbeersauce
- ¼ Tasse Puderzucker
- 250g frische Himbeeren oder gefrorene Himbeeren
- Saft von 1 Zitrone

ANWEISUNGEN:

a) Den Boden einer 22-cm-Springform mit Frischhaltefolie oder Backpapier auslegen. Mascarpone, eingedickte Sahne, Puderzucker, Eigelb und Vanillesamen in die Schüssel eines Elektromixers geben und bei hoher Geschwindigkeit verrühren, bis eine dicke, gut vermengte Masse entsteht.

b) Grand Marnier und Orangensaft in einer separaten Schüssel vermischen. Die Hälfte der Löffelbiskuits in die Saftmischung tauchen und auf den Boden der Kuchenform legen. Mit einem Drittel der Mascarpone-Mischung bestreichen und mit einem Drittel der Mangoscheiben belegen. Wiederholen Sie den Vorgang, geben Sie dann die restliche Mascarpone-Mischung darauf und bewahren Sie die restlichen Mangoscheiben zum Servieren auf. Decken Sie den Kuchen ab und kühlen Sie ihn 2 Stunden lang oder bis er fest ist.

c) In der Zwischenzeit für die Himbeersauce den Zucker und 2 Esslöffel Wasser bei mittlerer Hitze in einen kleinen Topf geben und umrühren, um den Zucker aufzulösen. Etwas abkühlen lassen, dann die Beeren und den Zitronensaft hinzufügen. In einer Küchenmaschine glatt rühren und dann durch ein Sieb passieren. Bis zum Servieren kalt stellen.

d) Entfernen Sie zum Servieren vorsichtig die Seiten und den Boden der Kuchenform und geben Sie das Mangomisu auf eine Platte.

e) Mit den Locken der reservierten Mango dekorieren, dann in Scheiben schneiden und mit Beerensauce servieren.

39. Matcha-Tiramisu

Macht: 9

ZUTATEN:
GEBRÜHTER KAFFEE
a) ¾ Tasse gebrühter Kaffee
b) 1 Esslöffel Amaretto optional
MASCARPONE-CREME
c) ⅓ Tasse Kondensmilch
d) 1 Esslöffel Matcha-Pulver
e) 3 Eigelb
f) 8 Unzen Mascarpone-Käse
g) 2 Esslöffel gebrühter Kaffee
h) 1 Teelöffel Vanilleextrakt
i) 1 Tasse Sahne
TIRAMISU-MONTAGE
j) 40 Löffelbiskuits
k) 1 Esslöffel Matcha-Pulver

ANWEISUNGEN:
a) Kombinieren Sie Ihren gebrühten Kaffee mit Amaretto in einer Schüssel. Beiseite legen.
b) Kondensmilch und Matcha verrühren, bis eine einheitliche grüne Farbe entsteht. Das Matcha-Pulver in die Kondensmilch sieben.
c) Als nächstes bereiten Sie Ihre Mascarpone-Füllung zu. Bringen Sie ein paar Tassen Wasser in einem kleinen Topf zum Kochen.
d) Eigelb und Matcha-Kondensmilch in eine Schüssel geben. Stellen Sie die Schüssel auf das kochende Wasser und verrühren Sie, bis die Eimischung eine hellgrüne Farbe annimmt. Vom Herd nehmen.
e) Den Mascarpone-Käse, den gebrühten Kaffee und den Vanilleextrakt zur Eimischung geben und gut verrühren.
f) Sahne steif schlagen. Die Sahne vorsichtig unter die Mascarpone-Mischung aus Schritt 5 heben und beiseite stellen.

g) Jetzt ist es an der Zeit, Ihr Tiramisu zusammenzustellen. Tauchen Sie einen Löffelbiskuit leicht in den gebrühten Kaffee und legen Sie ihn in eine 9x9-Auflaufform. Wiederholen Sie diesen Vorgang, bis die Unterseite mit Löffelbiskuits bedeckt ist.

h) Die Hälfte der Mascarpone-Creme auf die Löffelbiskuits geben. Verteilen Sie es gleichmäßig auf den Löffelbiskuits. Wiederholen Sie diesen Vorgang mit einer zweiten Schicht Löffelbiskuits und dann einer zweiten Schicht Mascarpone-Käse.

i) Matcha-Pulver auf die zweite Schicht Mascarpone-Creme sieben.

j) Decken Sie das Tiramisu ab und stellen Sie es in den Kühlschrank. Lassen Sie es 6 Stunden oder über Nacht im Kühlschrank fest werden. Für den besten Geschmack und die beste Konsistenz lassen Sie es über Nacht im Kühlschrank fest werden.

40. Schokoladen-Karamell-Mousse-Tiramisu

Macht: 12

ZUTATEN:

h) 400 g dunkle Schokolade, gehackt

i) 400 g Milchschokolade, gehackt

j) 6 Eier, getrennt

k) 1 ½ Titangelatineblätter, 5 Minuten in kaltem Wasser eingeweicht

l) 900 ml eingedickte Sahne

m) 2 Teelöffel Vanilleschotenpaste

n) ½ Tasse Puderzucker

o) 1 Tasse Kaffeelikör

p) 400g Löffelbiskuits

q) Kakao, zu Staub

KARAMELLMOUSSE

r) 800 ml eingedickte Sahne

s) 2 Titangelatineblätter, 5 Minuten in kaltem Wasser eingeweicht

t) 2 x 250-g-Gläser im Laden gekauftes Dulce de Leche, leicht geschlagen, um es aufzulockern

ANWEISUNGEN:

a) Geben Sie die Pralinen in eine hitzebeständige Schüssel über einem Topf mit siedendem Wasser und rühren Sie, bis sie geschmolzen und glatt sind. Etwas abkühlen lassen und dann mit dem Rühraufsatz in einen Standmixer geben.

b) Eigelb unterrühren.

c) 300 ml Sahne in einen kleinen Topf geben und bei schwacher Hitze köcheln lassen. Überschüssiges Wasser aus der Gelatine ausdrücken und in die Creme einrühren, bis sie geschmolzen und vermischt ist. In 3 Portionen unter die Schokoladenmischung rühren, bis eine glatte Masse entsteht. In eine große, saubere Schüssel umfüllen.

d) Restliche 600 ml Sahne mit Vanille steif schlagen. Kühlen.

e) Geben Sie das Eiweiß mit dem Schneebesenaufsatz in eine Küchenmaschine und schlagen Sie es zu steifem Schnee. Fügen Sie jeweils einen Esslöffel Zucker hinzu und schlagen Sie, bis sich die Mischung aufgelöst hat und eine glänzende Konsistenz erhält.

f) Die Schlagsahne zu einer Schokoladenmischung verrühren und dann in zwei Portionen das geschlagene Eiweiß unterheben. Bis zum Zusammenbau kalt stellen.

g) Für die Karamellmousse 200 ml Sahne in einen kleinen Topf geben und bei schwacher Hitze köcheln lassen. Überschüssiges Wasser aus der Gelatine ausdrücken und in die Creme einrühren, bis sie geschmolzen und vermischt ist. Etwas abkühlen lassen. Geben Sie die restlichen 600 ml Sahne in eine Küchenmaschine mit Schneebesenaufsatz und schlagen Sie sie zu weichen Spitzen auf. Die gelöste Mischung aus Dulce de Leche und Gelatine unterheben, bis alles gut vermischt ist. 30 Minuten kalt stellen.

h) Kaffeelikör in eine breite Schüssel geben. Tauchen Sie die Hälfte der Löffelbiskuits in Likör und legen Sie sie in einer doppelten Schicht auf den Boden einer 6-Liter-Servierschüssel. Die Hälfte der Schokoladenmousse darauf verteilen. Die restlichen Kekse in Likör tauchen und doppelt auf der Mousse verteilen. Mit Karamellmousse belegen und die Oberfläche mit einem Spachtel glatt streichen. 2-3 Stunden im Kühlschrank lagern, bis es fest ist. Geben Sie die restliche Schokoladenmousse in einen Spritzbeutel mit einer 1 cm großen Lochtülle und stellen Sie sie bis zur Verwendung in den Kühlschrank.

i) Die restliche Schokoladenmousse über die Karamellmousse spritzen. 4-5 Stunden oder über Nacht im Kühlschrank lagern, bis es fest ist. Zum Servieren mit Kakao bestäuben.

41. Tiramisu Pots de Creme

Macht: 8

ZUTATEN:
- 2 Tassen Puderzucker
- 12 Eigelb
- 2 Vanilleschoten, gespalten, Mark ausgekratzt
- 1,2 l reine Sahne plus eine zusätzliche ¼ Tasse
- 2 Esslöffel Instantkaffeegranulat
- 50 g ungesalzene Butter, gehackt
- 4 Biskuitkekse, zerkrümelt
- 2 Esslöffel Frangelico
- 1 Esslöffel fein gehackte Haselnüsse
- 400g Mascarpone guter Qualität
- 1 Teelöffel Vanilleextrakt
- Hochwertiges Kakaopulver zum Bestäuben

ANWEISUNGEN:

a) Den Backofen auf 140°C vorheizen.

b) Zucker und Eigelb in einer Schüssel schaumig schlagen.

c) Vanilleschoten und -samen zusammen mit der Sahne und dem Kaffee in einen großen Topf geben und unter Rühren knapp zum Kochen bringen, damit sich der Kaffee auflöst. Die Eimischung langsam unter ständigem Rühren darübergießen, bis alles gut vermischt ist.

d) Geben Sie die Eiermischung zurück in die gereinigte Pfanne und erhitzen Sie sie bei mittlerer Hitze.

e) Unter ständigem Rühren 6-8 Minuten lang kochen, bis die Eimischung eingedickt ist und die Rückseite des Löffels bedeckt ist. Auf acht ofenfeste ¾-Tassenformen verteilen und in eine große Bratpfanne geben. Fügen Sie so viel kochendes Wasser hinzu, dass es bis zur Hälfte des Pfannenrands reicht.

f) Decken Sie die Form mit Folie ab und stellen Sie sie vorsichtig in den Ofen. 30 Minuten lang backen, bis der Teig gerade fest ist und leicht in der Mitte wackelt. Auf Raumtemperatur abkühlen lassen, dann 2 Stunden lang oder bis es fest ist kalt stellen.

g) Zum Servieren die Butter in einer Pfanne 2-3 Minuten lang schmelzen, bis sie nussig braun ist. Löffelbiskuits hinzufügen und unter Rühren 3-4 Minuten kochen, bis sie geröstet sind. Frangelico und Haselnüsse dazugeben und verrühren. Cool. Mascarpone, Vanille und Sahne in einer Schüssel vorsichtig verrühren.

h) Geben Sie einen Klecks Mascarpone-Mischung auf die Vanillesoße. Zum Servieren mit Löffelbiskuitsbröseln und Kakao bestreuen.

42. Tiramisu Cupcakes

Ergibt: 12–14 Cupcakes

ZUTATEN:
CUPCAKES
- 6 Esslöffel gesalzene Butter, Zimmertemperatur
- ¾ Tassen Zucker
- 2 Teelöffel Vanilleextrakt
- 6 Esslöffel Sauerrahm
- 3 Eiweiß
- 1¼ Tassen Allzweckmehl
- 2 Teelöffel Backpulver
- 6 Esslöffel Milch
- 2 Esslöffel Wasser

TIRAMISU-FÜLLUNG
- 2 Eigelb
- 6 Esslöffel Zucker
- ½ Tasse Mascarpone-Käse
- ½ Tasse schwere Schlagsahne
- 2½ Esslöffel warmes Wasser
- 1 Esslöffel Instant-Espresso-Kaffeegranulat
- ¼ Tasse Kahlua

ANWEISUNGEN:
MACHEN SIE DIE CUPCAKES

a) Heizen Sie den Ofen auf 350 Grad vor und bereiten Sie eine Cupcake-Form mit Cupcake-Förmchen vor.

b) Butter und Zucker etwa 2–3 Minuten lang schaumig schlagen, bis die Masse hell und schaumig ist.

c) Vanilleextrakt und Sauerrahm hinzufügen und gut verrühren.

d) Fügen Sie das Eiweiß in zwei Portionen hinzu und verrühren Sie es, bis alles gut vermischt ist.

e) Kombinieren Sie die trockenen Zutaten in einer anderen Schüssel und vermischen Sie dann Milch und Wasser in einer anderen Schüssel.

f) Die Hälfte der trockenen Zutaten zum Teig geben und gut verrühren. Die Milchmischung dazugeben und verrühren, bis alles gut vermischt ist. Die restlichen trockenen Zutaten hinzufügen und vermischen, bis alles gut vermischt ist.

g) Füllen Sie die Cupcake-Förmchen etwa zur Hälfte. 15–17 Minuten lang backen, oder bis ein Zahnstocher ein paar Krümel enthält.

h) Nehmen Sie die Cupcakes aus dem Ofen und lassen Sie sie 2–3 Minuten abkühlen. Stellen Sie sie dann zum Abkühlen auf ein Kühlregal.

Machen Sie die Füllung und füllen Sie die Cupcakes

a) Während die Cupcakes abkühlen, bereiten Sie die Füllung vor. Eigelb und Zucker auf einem Wasserbad über kochendem Wasser vermischen. Wenn Sie keinen Wasserbad haben, können Sie eine Rührschüssel aus Metall verwenden, die über einem Topf mit kochendem Wasser steht.

b) Bei niedriger Hitze und ständigem Rühren etwa 6–8 Minuten kochen lassen oder bis die Mischung eine helle Farbe hat und sich der Zucker aufgelöst hat. Wenn die Mischung zu dick wird und eine dunklere Gelbfärbung annimmt, ist sie verkocht.

c) Wenn Sie fertig sind, schlagen Sie das Eigelb mit einem Mixer auf, bis es eindickt und etwas gelb wird.

d) Mascarpone-Käse unter das geschlagene Eigelb heben.

e) Geben Sie kräftige Schlagsahne in eine andere Rührschüssel und schlagen Sie etwa 5–7 Minuten lang, bis sich steife Spitzen bilden.

f) Schlagsahne unter die Mascarpone-Mischung heben.

g) In einer anderen kleinen Schüssel warmes Wasser, Espresso und Kahlua vermischen.

h) Sobald die Cupcakes abgekühlt sind, schneiden Sie die Mitte aus.

i) Etwa 1 Esslöffel der Espressomischung über die Innenseite der Löcher der Cupcakes träufeln und die Löcher dann mit der Tiramisu-Füllung füllen.

43. Mini-Tiramisu-Becher

Macht: 5

ZUTATEN:
FÜR DIE TIRAMISU-BECHER
- 200 g Löffelbiskuits aus dem Laden
- 300 g Mascarpone 41 % Fett, kalt verwenden
- 240 g Sahne 36 % Fett, sehr kalt
- 70g Puderzucker gesiebt

FÜR DIE MONTAGE
- 1 Tasse Kaffee, starker Espresso, leicht gesüßt, um die Löffelbiskuits darin einzuweichen
- Ein paar Esslöffel ungesüßtes holländisch verarbeitetes Kakaopulver, um die Oberseite zu dekorieren
- Löffelbiskuits zum Verzieren

ANWEISUNGEN:
a) In einer Schüssel Mascarpone, Sahne und Puderzucker mit Hilfe eines elektrischen Handmixers einige Minuten lang aufschlagen, bis eine steife Masse entsteht.
b) Weichen Sie die Löffelbiskuits vorsichtig in frisch zubereitetem Espresso ein und legen Sie sie in Schichten in eine Tasse, beginnend mit den mit Kaffee getränkten Löffelbiskuits und abschließend mit der Mascarpone-Creme
c) Glätten Sie die Oberseite mit einem versetzten Spatel oder Löffel und stellen Sie die Tiramisu-Becher mindestens eine Stunde lang in den Kühlschrank, damit der Löffelbiskuit weich wird
d) Nachdem das Tiramisu im Kühlschrank fest geworden ist, bestäuben Sie es mit Kakaopulver und dekorieren Sie es mit weiteren Löffelbiskuits.

44. Tiramisu-Windbeutel

Macht: 15

ZUTATEN:
FÜR DEN CHUX
- ½ Tasse Wasser
- 4 Esslöffel ungesalzene Butter
- ½ Teelöffel Zucker
- Prise Salz
- ½ Tasse Allzweckmehl
- 2 große Eier

FÜR DIE TIRAMISU-CREME:
- 4 Unzen Mascarpone-Käse, bei kühler Raumtemperatur
- 2 Esslöffel Kaffeelikör
- 1 Tasse schwere Schlagsahne
- ¾ Tasse Puderzucker

FÜR DIE GANACHE:
- ⅓ Tasse schwere Schlagsahne
- 4 Unzen gehackte dunkle Schokolade

ANWEISUNGEN
FÜR DEN CHUX:

a) Heizen Sie den Ofen auf 425 Grad vor und legen Sie ein Backblech mit einem Blatt Pergamentpapier aus.

b) In einem mittelgroßen Topf bei mittlerer Hitze Wasser, Butter, Zucker und Salz vermischen, bis die Butter geschmolzen ist und die Mischung kocht. Nehmen Sie den Topf vom Herd und geben Sie das gesamte Mehl unter kräftigem Rühren hinzu.

c) Nach einigen Augenblicken des Rührens bildet der Teig eine feuchte Kugel, die sich vom Pfannenrand löst. Stellen Sie die Pfanne zum Kochen wieder auf den Herd und rühren Sie den Teig 3 Minuten lang mit einem Holzlöffel oder einem Gummispatel durch. Geben Sie den Teig in eine große Schüssel und fügen Sie die Eier einzeln hinzu. Rühren Sie nach jeder Zugabe kräftig um, um sie zu vermischen.

d) Der Teig sollte so zähflüssig sein, dass beim Herausziehen des Holzlöffels eine weiche Spitze entsteht. Wenn es zu steif ist, fügen

Sie ein oder zwei Teelöffel Wasser hinzu. Geben Sie die Mischung in einen Spritzbeutel und drücken Sie esslöffelgroße runde Teigkugeln im Abstand von etwa 5 cm auf die vorbereitete Form. Befeuchten Sie leicht eine Fingerspitze, um etwaige Spitzen auf den Kreisen zu glätten, so dass sie runde Scheiben ergeben, ähnlich der Form eines gebackenen Macaron-Kekses.

e) Im vorgeheizten Ofen 10 Minuten backen, dann die Ofentemperatur auf 350 °C reduzieren und weitere 15–20 Minuten backen, oder bis die Blätterteigtaschen goldbraun sind. Vor Gebrauch abkühlen lassen.

FÜR DIE TIRAMISU-CREME:
a) Mascarpone und Kaffeelikör mit einem Handmixer bei mittlerer Geschwindigkeit etwa 30 Sekunden lang schlagen, bis eine glatte Masse entsteht. In einer großen Schüssel oder der Schüssel einer Küchenmaschine die kräftige Schlagsahne bei mittlerer Geschwindigkeit schlagen, bis sie leicht eingedickt ist.

b) Den Puderzucker dazugeben und weiter schlagen, bis sich steife Spitzen bilden. Mit einem Gummispatel die Mascarpone-Mischung vorsichtig unter die Schlagsahne heben. Im Kühlschrank aufbewahren, bis die Windbeutel auf Zimmertemperatur abgekühlt sind. Wenn Sie zum Füllen bereit sind, schneiden Sie einen kleinen Schlitz in die Oberseite jedes Windbeutels.

c) Geben Sie die Tiramisu-Creme in einen Spritzbeutel mit runder Spitze und füllen Sie jeden Blätterteig mit Sahne, bis er voll ist. Beiseite stellen, während die Ganache zubereitet wird.

FÜR DIE GANACHE:
a) Erhitzen Sie die Schlagsahne in der Mikrowelle oder auf dem Herd, bis sie dampft. Gießen Sie die heiße Sahne über die gehackte Schokolade in einer kleinen Schüssel und decken Sie das Ganze mit einer Plastikfolie ab.

b) Nach 5 Minuten die Mischung glatt rühren und auf jeden Zug einen Löffel Ganache geben. Alternativ können Sie die Windbeutel auch eintauchen.

c) Die Ganache wird fester, wenn sie fest wird. Erhitzen Sie sie daher bei Bedarf vorsichtig.

45. Orangen-Panna Cotta und Orangengelee

ZUTATEN:
- Für die Panna Cotta:
- 1/2 Tasse Vollmilch
- 1 & 1/4 Tasse schwere Schlagsahne
- 1 TL Gelatinepulver
- 1/4 Tasse weißer Zucker
- 1/2 TL Vanilleextrakt
- Schale einer Orange
- Für das Orangengelee:
- 1/2 Tasse frisch gepresster Orangensaft
- 2 & 1/2 TL Gelatinepulver
- 1/4 Tasse weißer Zucker
- 1 Tasse Wasser

ANWEISUNGEN:
a) Um die Panna Cotta zuzubereiten, teilen Sie die Milch in zwei Hälften und gießen Sie eine Hälfte in eine Schüssel.
b) Streuen Sie Gelatine über die Milch und lassen Sie sie 15 Minuten lang ruhen, damit sie aufblüht (gelatine, die erfolgreich aufblüht, sieht schwammig aus).
c) Die restliche Hälfte der Milch mit Sahne, Orangenschale, Vanille und Zucker in einem Topf verrühren. Bei mittlerer Hitze rühren, bis sich der Zucker vollständig aufgelöst hat. Die Mischung sollte sich erhitzen, aber nicht kochen.
d) Nehmen Sie es nun vom Herd und lassen Sie es abgedeckt einige Minuten ziehen (vielleicht etwa 15 Minuten). Das Abdecken ist wichtig, um den Orangengeschmack in der Schale zu bewahren, also lassen Sie es bitte nicht weg
e) Die eingeweichte Mischung wieder zum Kochen bringen, dann die Gelatine-Milch-Mischung hinzufügen und rühren, bis sich die Gelatine vollständig aufgelöst hat. Sieben Sie die Mischung mit einem winzigen Sieb mit Löchern, und Ihre Panacotta-Mischung kann direkt nach dem Sieben in Auflaufförmchen, Dessertbecher oder Gläser gefüllt werden. Kühlen, bis es fest ist.

f) Ungefähr 4 Stunden. Sie können Dessertbecher ganz einfach schräg stellen, um Ihrer Panna Cotta Ihrer Kreativität freien Lauf zu lassen

g) Für das Gelee die Gelatine in der Hälfte des Orangensafts 5 Minuten lang aufgehen lassen

h) Kochen Sie Wasser und Zucker bei starker Hitze, bis sie sirupartig (nicht dickflüssig) sind, gießen Sie diese Mischung dann über die blühende Gelatine und verquirlen Sie sie, bis sich die Gelatine vollständig aufgelöst hat. Die restliche Hälfte des Safts einrühren und die Mischung auf Zimmertemperatur abkühlen lassen

i) Die abgekühlte Geleemischung über die fest gewordene Panna Cotta gießen. Sie können je nach Wunsch eine dicke oder dünne Schicht auftragen. Lassen Sie das Gelee etwa eine halbe Stunde lang im Kühlschrank auf Ihrer Panna Cotta fest werden. PS: Gelee wird schneller fest als Panna Cotta

j) Gekühlt servieren und als Nachtisch genießen

46. <u>**Erdbeer-Panna Cotta mit karamellisierten Erdnüssen**</u>

ZUTATEN:
- 200 g Erdbeerstücke
- 60 g Zucker
- Panna Cotta
- 250 ml Milch
- 2 TL geschmacksneutrale Gelatine
- 80 g Zucker
- 1 Päckchen zerstoßene Erdnüsse Chikki

ANWEISUNGEN:

a) Nehmen Sie eine Pfanne, geben Sie Erdbeerstücke hinein, fügen Sie Zucker hinzu und lassen Sie das Ganze 3 bis 5 Minuten lang auf der Flamme kochen. Sobald der Zucker geschmolzen ist, bilden die weichen Erdbeeren eine saftige Konsistenz

b) Einen Topf erhitzen, Milch einschenken, weiter kochen lassen, Zucker hinzufügen, dabei eine Schüssel nehmen, Gelatine dazugeben, Wasser einfüllen, gut vermischen und Gelatine in die Milch einrühren, 2 Minuten kochen lassen.

c) In eine Form gießen, 30 Minuten stehen lassen und dann die Erdbeersoße auf einen Teller gießen und die Soße darauf verteilen

d) Zerkleinerte Erdnussstücke und Minzblätter darauf dekorieren und servieren

47. Erdbeer-Kiwi-Panna Cotta

ZUTATEN:
- 1 Tasse Milch
- 1 Tasse frische Sahne
- 1 Esslöffel Gelatine
- 3 EL Zucker
- 1 Kiwi gehackt
- 2-3 Erdbeeren gehackt

ANWEISUNGEN:
a) Milch in einen Topf geben und 4-5 Minuten lang Gelatine hinzufügen, damit die Gelatine weich wird.
b) Erhitzen Sie nun die Milchmischung, bis sich die Gelatine auflöst, die Milch jedoch etwa 4 bis 5 Minuten lang nicht kocht.
c) Zucker und Sahne hinzufügen, gut vermischen.
d) Vom Herd nehmen und abkühlen lassen.
e) In die Gläser füllen und 4-5 Stunden im Kühlschrank lagern, aber nicht einfrieren.
f) Wenn es abgekühlt ist, mit gehackter Kiwi und Erdbeere garnieren.

48. Buttermilch-Panna Cotta mit Zitrussauce

ZUTATEN:
- 1 Tasse Buttermilch
- 1/4 Tasse Zucker
- 1/2 Tasse Sahne
- 1-2 Stränge Agar-Agar grob gebrochen

FÜR DIE ZITRUS-SAUCE
- 1 Orange
- 5-6 orangefarbene Segmente
- 3-4 EL Zucker

ANWEISUNGEN:
a) Sahne und Zucker in einem Topf erhitzen. Nun das Agar-Agar einrühren. Lassen Sie es sich auflösen. Rühren Sie weiter. Es dauert ein bis zwei Minuten. Nicht kochen. Es sollte heiß sein. Das ist es. Dazu die Buttermilch geben. Kurz umrühren. Fetten Sie die Schüssel, in die Sie sie stellen möchten, leicht ein.

b) Gießen Sie die Mischung nach Wunsch hinein oder in einzelne Auflaufförmchen und lassen Sie sie fest werden. Zucker und Orangensaft in einem Topf bei mittlerer bis hoher Hitze erhitzen und gelegentlich umrühren, bis sich der Zucker auflöst. Fügen Sie auch die Orangensegmente hinzu.

c) Sobald es dicker wird, vom Herd nehmen. Panna Cotta mindestens 2-3 Stunden lang oder bis sie fest ist im Kühlschrank lagern. Gekühlt mit Zitrussauce servieren.

49. Pflaumen-Panna Cotta

ZUTATEN:
- 1 Tasse frische Sahne
- 1/4 Tasse Quark
- 3 EL Zucker
- 4-5 Vanilleessenz
- 1 EL Gelatine
- 5-6 Pflaume
- 1/4 Tasse Zucker
- 1/4 Tasse Wasser

ANWEISUNGEN:

a) Frische Sahne und Zucker in einen Topf geben und auf kleiner Flamme erhitzen, bis sich der Zucker auflöst. Die Flamme ausschalten und zum Abkühlen beiseite stellen.

b) Geben Sie die Gelatine in eine kleine Schüssel und fügen Sie 2-3 EL kochendes Wasser hinzu. Mischen Sie alles gut und stellen Sie es beiseite

c) Den Joghurt mit einem Stabmixer glatt rühren.

d) Nun den Joghurt zur frischen Sahne-Zucker-Mischung geben und gut verrühren. Gelatine und Vanilleextrakt dazugeben und nochmals alles gut vermischen. Die Mischung mit einem Musselintuch oder in einem Sieb abseihen und in Auflaufförmchen, Silikonformen, Muffinförmchen usw. füllen Glasschalen nach Ihren Wünschen.

e) Stellen Sie es 2-3 Stunden lang oder bis es fest ist in den Kühlschrank.

f) Machen wir einen einfachen Pflaumensirup zum Garnieren. Entkernen Sie die Pflaumen und geben Sie sie mit Zucker und Wasser in einen Topf.

g) Kochen Sie es 5–10 Minuten lang oder bis sich der Zucker aufgelöst hat, und stellen Sie es zum Abkühlen beiseite. Pürieren Sie alles zu einem glatten Püree und erhitzen Sie es erneut für weitere 5–7 Minuten. Ihre Pflaumensauce ist fertig.

h) Bewahren Sie es einmal im Kühlschrank auf und verwenden Sie es bei Bedarf.

i) Der letzte Schritt besteht nun darin, Ihre Pana Cotta zu arrangieren.

j) Formen Sie Ihre Pana Cotta aus der Form auf einen Servierteller und belegen Sie sie mit dem gekühlten Pflaumensirup und frischen Pflaumenscheiben.

50. Mango-Panna-Cotta mit Puderzucker-Dekoration

ZUTATEN:
MANGO-SCHICHT:
- 2 Tassen Mangopüree
- 2 EL Agar-Agar/Gelatine/Chinagras
- 2 EL heißes Wasser

FÜR DIE CREMESCHICHT:
- 1 Tasse Vollmilch
- 1 Tasse Sahne
- Vanilleextrakt
- Prise Salz
- 1/2 Tasse Zucker
- 2 EL Chinagras
- 2 EL heißes Wasser

ZUCKERDEKO
- 2 EL Zucker

ANWEISUNGEN:

a) Nehmen Sie eine große Schüssel, geben Sie Chinagras und Wasser hinzu und lassen Sie es 15 Minuten lang einweichen. Danach alles vollständig vermischen. Sobald es sich aufgelöst hat, Mangopüree hinzufügen und vermischen. Stellen Sie sicher, dass es vollständig gemischt ist. Nehmen Sie ein Servierglas, stellen Sie es quer in eine Schüssel, gießen Sie etwas Mangomischung hinein und stellen Sie es 2 Stunden lang in den Kühlschrank.

b) Für die Cremeschicht 2 EL Gelatine in heißem Wasser einweichen und beiseite stellen. Ich habe selbstgemachte Sahne genommen. (Eine Tasse Sahne eine halbe Stunde lang im Gefrierschrank aufbewahren. Danach mit dem Mixer mixen, um frische Sahne zu erhalten.) 1 Tasse Milch erhitzen, Zucker hinzufügen und beiseite stellen. Der Zucker sollte sich vollständig aufgelöst haben und die Milch sollte abgekühlt sein. Fügen Sie nun Vanilleextrakt hinzu und verrühren Sie alles gut. Nehmen Sie eine Schüssel, fügen Sie Sahne, süße Milch, Gelatine und Wasser hinzu und vermischen Sie alles gut. Die gesamte Mischung sollte gut vermischt sein.

c) Nehmen Sie ein Glas Mangopüree aus dem Kühlschrank, geben Sie eine Schicht Sahne darauf und lassen Sie es erneut 2 Stunden lang stehen, bis es vollständig fest ist. Mit ein paar gehackten Mangos garnieren

d) Nehmen Sie einen Topf, geben Sie Zucker hinein, erhitzen Sie ihn und lassen Sie ihn ohne Rühren aufkochen, sodass eine mittlere Karamellfarbe entsteht. Vom Herd nehmen, Karamell auf eine Fettauffangschale gießen und das Design nach Wunsch gestalten. Lassen Sie es aushärten und in Scherben zerbrechen

51. Kokos-Panna Cotta mit Ananasglasur

ZUTATEN:
- 1 Tasse Kokosmilch
- 1 Tasse Sahne
- 1 1/4 TL Agar-Agar
- 3 EL Zucker
- 1 Tasse Ananas
- 1 EL Butter
- 1 EL brauner Zucker

ANWEISUNGEN:
a) Sahne, Kokosmilch und Agar-Agar in einen großen Topf geben. Alles gut verrühren und 15 Minuten stehen lassen.
b) Den Zucker in die Pfanne geben und gut vermischen. Dann schalten Sie die Flamme auf mittlere Stufe ein. Erhitzen, bis sich Zucker und Agar aufgelöst haben, unter ständigem Rühren, bis es kurz vor dem Kochen steht.
c) Weitere 3-4 Minuten auf kleiner Flamme erhitzen, dabei ständig rühren und die Flamme ausschalten.
d) Verwenden Sie einen feinen Brei und filtern Sie die Mischung in eine saubere Schüssel. Gießen Sie die Mischung in ein Glas Ihrer Wahl und stellen Sie sie in den Kühlschrank, bis die Panna Cotta fest ist.
e) Für die Ananasglasur Butter und braunen Zucker in eine Pfanne geben und bei mittlerer Flamme erhitzen. Rühren Sie weiter, bis die Butter schmilzt und der Zucker aufgelöst ist.
f) Geben Sie nun die Ananas (ich habe sie fein gehackt, wenn Sie möchten, behalten Sie größere Stücke) in die Pfanne, vermischen Sie alles gut und kochen Sie weiter, bis die Ananas weich ist.
g) Wenn die Ananas nicht süß ist, müssen Sie etwas mehr Zucker verwenden. Bis zum Abkühlen im Kühlschrank aufbewahren.
h) Die Ananasglasur auf die Panna Cotta geben und kalt servieren. Genießen.

52. Dreifarbiger Panna Cotta-Genuss

ZUTATEN:
FÜR MANGOSCHICHT
- 1 Tasse Mangopüree
- 2 EL Wasser
- 1 TL geschmacksneutrale Gelatine oder 4 g Chinagras/Agar-Agar verwenden
- je nach Geschmack Zucker

FÜR GRÜNE (KHAS) SCHICHT
- 1 Tasse Sahne
- 2-3 EL Khas-Sirup
- je nach Geschmack Zucker
- 1 TL Gelatine
- nach Bedarf Ein paar Tropfen grüne Lebensmittelfarbe (optional)

FÜR EINE VANILLE-CREME-SCHICHT
- 1 Tasse Sahne
- je nach Geschmack Zucker
- 1/2 TL Vanilleessenz
- 1 TL Gelatine

ANWEISUNGEN:
FÜR MANGOSCHICHT
a) Zuerst Gelatine und 2 EL Wasser in eine kleine Schüssel geben, gut vermischen und 5 Minuten ruhen lassen, damit es blüht. Mangopüree und Gelatine in eine Pfanne geben und 2–3 Minuten auf kleiner Flamme erhitzen.

b) Schalten Sie den Herd aus, gießen Sie die Mischung in eine Form oder ein Glas Ihrer Wahl und bewahren Sie sie im Kühlschrank auf, damit sie vollständig fest wird.

FÜR KHAS-SCHICHT
c) Geben Sie die Gelatine gut in eine kleine Schüssel und lassen Sie sie 5 Minuten lang ruhen, damit sie blüht. Anschließend Sahne und Zucker in einen Topf geben und bei mittlerer Hitze kochen, bis sich der Zucker aufgelöst hat.

d) Wenn die Mischung den Siedepunkt erreicht hat, schalten Sie den Herd aus, geben Sie Khas-Sirup, ein paar Tropfen grüne Lebensmittelfarbe und (optional) blühende Gelatine hinzu und rühren Sie, bis sie sich vollständig aufgelöst hat.

e) Lassen Sie es auf Raumtemperatur abkühlen, gießen Sie diese Mischung dann über die Mangoschicht und bewahren Sie sie erneut im Kühlschrank auf, damit sie fest wird.

FÜR DIE VANILLESCHICHT

f) Geben Sie die Gelatine gut in eine kleine Schüssel und lassen Sie sie 5 Minuten lang ruhen, damit sie blüht. Anschließend Sahne und Zucker in einen Topf geben und bei mittlerer Hitze kochen, bis sich der Zucker aufgelöst hat.

g) Wenn die Mischung den Siedepunkt erreicht hat, schalten Sie die Hitze aus, fügen Sie Vanilleextrakt und Gelatine hinzu und rühren Sie, bis sich die Mischung vollständig aufgelöst hat. Lassen Sie es auf Raumtemperatur abkühlen und gießen Sie dann diese Mischung über die Khas-Schicht und bewahren Sie sie erneut im Kühlschrank auf, damit sie vollständig fest wird.

h) Das köstliche dreischichtige Panna Cotta Delight ist servierfertig.

53. Mango Lassi Panna Cotta

ZUTATEN:
- 2 große Mangos
- 1/4 Tasse Milch
- 2/3 Tasse Joghurt
- 1 Tasse Sahne
- 2 EL Zucker
- 1 TL Agar-Agar-Pulver
- 1 TL Kardamompulver
- 3-4 Safranfäden

ANWEISUNGEN:

a) Das Agar-Agar-Pulver in ausreichend Wasser einweichen, damit es gut einweicht. Es ist notwendig.

b) Bereiten Sie Mangopüree zu, indem Sie die Mango schälen, in Scheiben schneiden und zu einem Püree in einen Mixer geben

c) Milch und Sahne in einen Topf geben und auf mittlerer Flamme zum Kochen bringen.

d) Kardamompulver und Safranfäden hinzufügen. Mangopüree und Joghurt dazugeben und im Feuer gut verrühren. Beiseite legen

e) 2-3 Minuten abkühlen lassen und die Mangomischung abseihen

f) Die Formen einfetten. In Formen füllen und über Nacht kühl stellen

g) Mit kleinen Mangoscheiben und Minzblättern garnieren und genießen

54. Kokosmilch und Orangen-Panna Cotta

ZUTATEN:

- 250 ml Kokosmilch
- 4-5 EL Zucker
- 1 Orange
- 2-3 Stränge Agar-Agar
- 1/2 Tasse Wasser

ANWEISUNGEN:

a) Kochen Sie Kokosmilch bei schwacher Hitze unter Zugabe von Zucker und frisch gepresstem Orangensaft samt Schale. Beiseite legen. In der Zwischenzeit eine halbe Tasse Wasser zu den in kleine Stücke gerissenen Agar-Agar-Strängen geben. Zuerst bei starker Hitze zum Kochen bringen und dann etwa 4–5 Minuten köcheln lassen.
b) Wichtig ist, dass es vollständig gelöst und nahezu transparent ist. Dann kann es mit Kokosmilch und Orangensaft vermischt werden.
c) Gut mischen. Geben Sie es in eine beliebige Glasform oder eine Kuchenform, je nachdem, was gerade praktisch ist. Lassen Sie es etwas abkühlen und bewahren Sie es an einem kühlen Ort auf. Später im Kühlschrank aufbewahren, bis es abgekühlt ist.
d) Aufschneiden und genießen!

55. Granatapfel-Panna Cotta

ZUTATEN:
- 1/2 Packung frische Sahne
- 1 EL Zucker
- 11/2 Tasse Milch
- 1 TL Gelatine
- 1 Tasse Granatapfelsaft
- 1 TL Vanilleessenz

ANWEISUNGEN:
a) Gelatine auf die Milch streuen und 10 Minuten ruhen lassen
b) Sahne erhitzen, Zucker und Vanilleessenz hinzufügen
c) Gelatinemischung mischen und in ein Glas gießen
d) Über Nacht in den Kühlschrank stellen
e) Granatapfelsaft erhitzen, Gelatinemischung hinzufügen und über die Panna Cotta gießen
f) Über Nacht in den Kühlschrank stellen
g) Mit frischen Granatäpfeln dekorieren

56. Grüne und weiße Panna Cotta

ZUTATEN:
- 1 Päckchen grüne Geleebanane
- 2 Tassen Wasser
- 1/3 Tasse abgekochtes Wasser
- 3 TL Gelatine
- 400 ml Sahne
- 5 EL Zucker oder je nach Geschmack
- 1 TL Vanilleessenan

ANWEISUNGEN:
a) Wasser aufkochen, Gelee hinzufügen und umrühren.
b) Ein Gelee in kleinen Gläsern für eine halbe Stunde in den Kühlschrank stellen.
c) Gelatine in heißem Wasser auflösen.
d) Zucker hinzufügen und gut vermischen.
e) Vanilleessenan hinzufügen und gut vermischen.
f) Sahne hinzufügen und gut verrühren.
g) Gießen Sie es nach einer halben Stunde erneut in den Kühlschrank mit grünem Gelee.

57. Griechischer Joghurt Panna Cotta mit Dattelpüree

ZUTATEN:
FÜR PANNA COTTA:
- 1 Tasse Sahne
- 1/3 Tasse Zucker
- 1/8 TL Salz
- 1 TL Vanilleextrakt
- 1 Umschlag geschmacksneutrale Gelatine
- 2 Tassen griechischer Joghurt

FÜR Dattelpüree:
- 2 Tassen Datteln (entkernen und in Wasser einweichen, dann im Mixer eine Paste herstellen)
- Zucker schmecken
- 1 EL Maisstärke

ANWEISUNGEN:
a) In einer kleinen Schüssel 1 Umschlag Gelatine mit 3 Esslöffeln Wasser vermischen und 5 Minuten ruhen lassen.
b) In einem Topf Sahne, Zucker, Salz und Vanilleextrakt vermischen. Kochen Sie es etwa 5 Minuten lang (unter ständigem Rühren) bei mittlerer Hitze, bis sich der Zucker vollständig aufgelöst hat. Sie müssen es nicht zum Kochen bringen, sondern nur ausreichend erhitzen, um alle Zutaten miteinander zu vermischen.
c) Schalten Sie den Herd aus, geben Sie die aufgelöste Gelatine zur Mischung und verrühren Sie alles, bis alles gut vermischt ist.
d) Fügen Sie 2 Tassen griechischen Joghurt hinzu und rühren Sie alles gut um, bis eine glatte Konsistenz entsteht.
e) Teilen Sie diese Mischung auf 4 Gläser auf und stellen Sie sie einige Stunden lang in den Kühlschrank.

DATTELPÜREE:
f) In einem Topf Datteln mit Püreezucker vermischen und zum Kochen bringen und etwa 3-4 Minuten kochen lassen.
g) Speisestärke mit 3 EL Wasser verrühren und in die Soße geben. Rühren Sie es eine Minute lang gut um und schalten Sie dann die Hitze aus. Lassen Sie die Sauce abkühlen und geben Sie sie dann auf die gekühlte Panna Cotta.
h) Mit Plastikfolie abdecken und noch ein paar Stunden im Kühlschrank lagern.
i) Vor dem Servieren das Dessert mit gehackten Datteln und Minzblättern belegen.

58. Kaki-Panna Cotta

4 Portionen

ZUTATEN:
- 400 ml Schlagsahne
- 1/3 Tasse Zucker oder je nach Geschmack
- 3 TL Gelatine oder Ager Ager
- Für Kakipüree
- 1/4 Tasse Wasser
- 2 mittelgroße Kakis
- 2 TL Ager Ager oder Gelatine

ANWEISUNGEN:
a) In einer kleinen Pfanne 350 ml Schlagsahne erhitzen. Den Zucker einsieben und vorsichtig umrühren.
b) In einer separaten Schüssel Agar-Agar mit 50 ml warmer Schlagsahne vermischen und nun diese Mischung 2 Minuten lang unter Rühren in die cremige Pfanne geben. Etwas abkühlen lassen.
c) Bis zum Rand in 4 Gläser füllen und die Panna Cotta etwa eine Stunde im Kühlschrank fest werden lassen.
d) Kaki schneiden und die Schale abziehen. Bei Bedarf mit Wasser pürieren, bis ein Püree entsteht.
e) Lösen Sie 2 TL Agar-Pulver in 25 ml warmem Wasser auf und geben Sie es zum Kakipüree. Gut umrühren.
f) Füllen Sie den verbleibenden Platz in den Gläsern mit Kakipüree. Im Kühlschrank etwa 2 bis 4 Stunden lang fest werden lassen oder bis es vollständig fest ist.

59. Panna Cotta mit Vanillesoße und Wassermelone

Ergibt: 4 Portionen

ZUTATEN:
- 500 ml Milch
- 1 Esslöffel Vanillepuddingpulver -
- Zucker – ganz nach Ihrem Geschmack
- Wassermelone – 1 große Schüssel, kernlos und in Stücke geschnitten
- 1/2 Löffel Steinsalz
- 1 Esslöffel Minzblätter
- 1 Löffel Zitronensaft

ANWEISUNGEN:
a) Nehmen Sie 1/2 Tasse Milch, fügen Sie Puddingpulver hinzu und vermischen Sie alles gut.
b) Milch aufkochen, Puddingmilch und Zucker hinzufügen.
c) Schalten Sie nach 5 Minuten das Gas aus.
d) Kühlen Sie die Mischung ab.
e) Nehmen Sie 4 Gläser, fügen Sie Puddingmilch hinzu und stellen Sie es 4–5 Stunden lang in den Gefrierschrank.
f) Nehmen Sie ein Glas, fügen Sie Wassermelonenstücke, Steinsalz, Minzblätter und Zitronensaft hinzu und vermischen Sie es.
g) Geben Sie diese Mischung nun in Puddingmilchgläser und stellen Sie sie 4–5 Stunden lang in den Gefrierschrank.
h) Mit Minzblättern garnieren und gekühlt servieren.

60. Birnenkompott in Gelee mit Panna Cotta

Ergibt: 8 Portionen

ZUTATEN:
BIRNENKOMPOT IN GELEE:
- 2 asiatische Birnen
- 200 ml Weißwein
- 60 Gramm Zucker
- 10 ml Zitronensaft
- 2 Gramm Gelatineblätter

PANNA COTTA
- 200 ml Sahne
- 200 ml Milch
- 30 Gramm Zucker
- 30 Gramm Honig
- 6 Gramm Gelatineblätter

ANWEISUNGEN:
Bereiten Sie das Birnenkompott zu

a) Die Birnen in jeweils 16 Spalten schneiden und zusammen mit den Zutaten in eine Pfanne geben. Beginnen Sie mit dem Kochen bei starker Hitze.

b) Zum Kochen bringen, um den Alkohol im Weißwein zu verdampfen, dann bei mittlerer Hitze köcheln lassen, bis die Birnen glasig werden. Entfernen Sie auch jeglichen Schaum.

c) Die Birnen werden in wenigen Minuten durchscheinend. Den Herd ausschalten und in der Pfanne abkühlen lassen.

d) Sobald es auf Zimmertemperatur abgekühlt ist, geben Sie die Birnen mit der Pochierflüssigkeit in einen Vorratsbehälter und stellen Sie sie in den Kühlschrank.

Panna Cotta zubereiten:

e) Die 6 g Gelatineblätter für die Panna Cotta etwa 20 Minuten in Wasser einweichen.

f) Erhitzen Sie die Zutaten bei mittlerer Hitze. Rühren Sie weiter, bis sich der Zucker vollständig aufgelöst hat, und schalten Sie den Herd aus. Auf keinen Fall kochen lassen.

g) Die eingeweichten Gelatineblätter zur Panna Cotta-Mischung geben und die Gelatine vollständig auflösen. Die Mischung in Tassen abseihen.

h) Mit Deckeln abdecken und im Kühlschrank kalt stellen, bis es fest ist.

Machen Sie das Gelee:

i) Den Sirup aus dem Birnenkompott erhitzen; Lassen Sie es nicht zum Kochen kommen. Fügen Sie die 2 g Gelatineblätter hinzu, die für das Gelee vorgesehen sind und zuvor in Wasser eingeweicht wurden.

j) In einen Behälter füllen und in den Kühlschrank stellen, bis es fest ist.

k) Das Birnenkompott auf die Panna Cotta geben. Zum Schluss das Gelee darüber geben.

l) Das Birnenkompott schmeckt pur natürlich köstlich.

61. Panna Cotta mit Karamellsauce

Ergibt: 6 Portionen

ZUTATEN::
- 1 Tasse Zucker
- 1 Tasse Wasser; oder mehr
- 1 Tasse Wasser
- 2 Esslöffel Wasser
- 4 Teelöffel geschmacksneutrale Gelatine
- 5 Tassen Schlagsahne
- 1 Tasse Milch
- 1 Tasse Puderzucker
- 1 Vanilleschote; der Länge nach teilen

ANWEISUNGEN:
FÜR DIE SAUCE:
a) Kombinieren Sie 1 Tasse Zucker und ½ Tasse Wasser in einem schweren mittelgroßen Soßentopf bei schwacher Hitze. Rühren, bis sich der Zucker auflöst. Erhöhen Sie die Hitze und kochen Sie ohne Rühren, bis der Sirup bernsteinfarben wird. Schwenken Sie dabei gelegentlich die Pfanne und bürsten Sie die Seiten mit einem feuchten Backpinsel ab (ca. 8 Minuten). Pfanne vom Herd nehmen.
b) Fügen Sie vorsichtig eine halbe Tasse Wasser hinzu. Bringen Sie die Pfanne wieder zum Erhitzen und bringen Sie sie unter Rühren etwa 2 Minuten lang zum Kochen, um alle Karamellstückchen aufzulösen.
c) Cool.
FÜR PUDDING:
d) Gießen Sie 2 Esslöffel Wasser in eine kleine Schüssel. Mit Gelatine bestreuen. Etwa 10 Minuten stehen lassen, bis es weich ist. Sahne, Milch und Zucker in einem großen, schweren Topf verrühren. Die Samen der Vanilleschote herausschaben; Bohnen hinzufügen.
e) Unter häufigem Rühren zum Kochen bringen. Vom Herd nehmen. Gelatinemischung hinzufügen und umrühren, bis sie sich auflöst. Vanilleschote entfernen. Die Mischung in eine Schüssel geben. Stellen Sie die Schüssel über eine größere Schüssel mit Eiswasser. Unter gelegentlichem Rühren etwa 30 Minuten stehen lassen, bis es abgekühlt ist. Den Pudding gleichmäßig auf sechs 10-Unzen-Puddingbecher verteilen. Abdecken und über Nacht kühl stellen.
f) Den Pudding auf Teller verteilen. Mit Karamellsauce beträufeln und servieren.

62. Schokoladen-Panna Cotta

Ergibt: 5 Portionen

ZUTATEN::
- 500 ml Sahne
- 10 g Gelatine
- 70 g schwarze Schokolade
- 2 Esslöffel Joghurt
- 3 Esslöffel Zucker
- eine Prise Salz

ANWEISUNGEN:
a) Gelatine in einer kleinen Menge Sahne einweichen.
b) Gießen Sie die restliche Sahne in einen kleinen Topf. Zucker und Joghurt unter gelegentlichem Rühren zum Kochen bringen, aber nicht kochen. Nehmen Sie die Pfanne vom Herd.
c) Schokolade und Gelatine einrühren, bis sie vollständig aufgelöst sind.
d) Den Teig in die Formen füllen und 2-3 Stunden kalt stellen.
e) Um die Panna Cotta aus der Form zu lösen, lassen Sie sie einige Sekunden lang unter heißem Wasser laufen, bevor Sie das Dessert herausnehmen.
f) Nach Belieben dekorieren und servieren!

63. Karamelpudding

Ergibt: 1 Portionen

ZUTATEN:
- ½ Tasse Kristallzucker
- 1 Teelöffel Wasser
- 4 Eigelb oder 3 ganze Eier
- 2 Tassen Milch, gebrüht
- ½ Teelöffel Vanilleextrakt

ANWEISUNGEN:
a) In einer großen Pfanne 6 Esslöffel Zucker und 1 Tasse Wasser vermischen. Bei schwacher Hitze erhitzen und gelegentlich mit einem Holzlöffel schütteln oder schwenken, um ein Anbrennen zu vermeiden, bis der Zucker goldbraun wird.
b) Gießen Sie den Karamellsirup so schnell wie möglich in eine flache Auflaufform (20 x 20 cm) oder einen Kuchenteller. Abkühlen lassen, bis es hart ist.
c) Heizen Sie den Ofen auf 325 Grad Fahrenheit vor.
d) Entweder das Eigelb oder die ganzen Eier verquirlen. Milch, Vanilleextrakt und den restlichen Zucker unterrühren, bis alles gut vermischt ist.
e) Den abgekühlten Karamell darüber gießen.
f) Stellen Sie die Auflaufform in ein heißes Wasserbad. 1–112 Stunden backen, oder bis die Mitte fest ist. Cool, cool, cool.
g) Zum Servieren vorsichtig auf einen Servierteller stürzen.

64. Italienische gebackene Pfirsiche

Ergibt: 1 Portionen

ZUTATEN:
- 6 reife Pfirsiche
- ⅓ Tasse Zucker
- 1 Tasse gemahlene Mandeln
- 1 Eigelb
- ½ Teelöffel Mandelextrakt
- 4 Esslöffel Butter
- ¼ Tasse gehobelte Mandeln
- Sahne, optional

ANWEISUNGEN:
a) Heizen Sie den Ofen auf 350 Grad Fahrenheit vor. Pfirsiche sollten abgespült, halbiert und entkernt werden. In einer Küchenmaschine zwei der Pfirsichhälften pürieren.
In einer Rührschüssel Püree, Zucker, gemahlene Mandeln, Eigelb und Mandelextrakt vermischen. Um eine glatte Paste zu erhalten, alle Zutaten in einer Rührschüssel vermischen.
b) Gießen Sie die Füllung über jede Pfirsichhälfte und legen Sie die gefüllten Pfirsichhälften auf ein gebuttertes Backblech.
c) Mit gehobelten Mandeln bestreuen und die restliche Butter über die Pfirsiche streichen, bevor sie 45 Minuten lang gebacken werden.
d) Heiß oder kalt servieren, mit einer Beilage Sahne oder Eis.

65. Honigpudding

Ergibt: 6 Portionen

ZUTATEN:
- ¼ Tasse ungesalzene Butter
- 1½ Tasse Milch
- 2 große Eier; leicht geschlagen
- 6 Scheiben weißes Landbrot; zerrissen
- ½ Tasse klar; dünner Honig, plus
- 1 Esslöffel klar; dünner Honig
- ½ Tasse heißes Wasser; Plus
- 1 Esslöffel heißes Wasser
- ¼ Teelöffel gemahlener Zimt
- ¼ Teelöffel Vanille

ANWEISUNGEN:
a) Heizen Sie den Ofen auf 350 Grad vor und bestreichen Sie mit etwas Butter eine 9-Zoll-Kuchenform aus Glas. Milch und Eier verquirlen, dann die Brotstücke hinzufügen und wenden, damit sie gleichmäßig bedeckt sind.
b) Lassen Sie das Brot 15 bis 20 Minuten einweichen und wenden Sie es dabei ein- oder zweimal. In einer großen beschichteten Pfanne die restliche Butter bei mittlerer Hitze erhitzen.
c) Das eingeweichte Brot in der Butter goldbraun braten, etwa 2 bis 3 Minuten auf jeder Seite. Übertragen Sie das Brot in die Auflaufform.
d) In einer Schüssel den Honig und das heiße Wasser vermischen und verrühren, bis die Mischung gleichmäßig vermischt ist.
e) Zimt und Vanille hinzufügen und die Mischung über und um das Brot träufeln.
f) Etwa 30 Minuten lang backen oder bis es goldbraun ist.

66. Gefrorener Honig-Semifreddo

Ergibt: 8 Portionen

ZUTATEN:
- 8 Unzen Sahne
- 1 Teelöffel Vanilleextrakt
- ¼ Teelöffel Rosenwasser
- 4 große Eier
- 4 ½ Unzen Honig
- ¼ Teelöffel plus ⅛ Teelöffel koscheres Salz
- Toppings wie geschnittenes Obst, geröstete Nüsse, Kakaonibs oder geraspelte Schokolade

ANWEISUNGEN:

a) Ofen auf 350°F vorheizen. Eine 9 x 5 Zoll große Kastenform mit Frischhaltefolie oder Pergamentpapier auslegen.

b) Für das Semifreddo Sahne, Vanille und Rosenwasser in der Schüssel einer Küchenmaschine mit Schneebesen steif schlagen.

c) In eine separate Schüssel oder einen separaten Teller umfüllen, abdecken und bis zur Verwendung kalt stellen.

d) In der Schüssel einer Küchenmaschine Eier, Honig und Salz verquirlen. Zum Mischen alles mit einem flexiblen Spatel verrühren.

e) In einem Edelstahlbecken etwa 10 Minuten kochen, dabei regelmäßig mit einem flexiblen Spatel schwenken und abschaben, bis es auf 165 °F erwärmt ist.

f) Übertragen Sie die Mischung in einen Standmixer mit Schneebesenaufsatz, sobald sie 165 °F erreicht hat. Die Eier auf höchster Stufe schaumig schlagen.

Die Hälfte der vorbereiteten Schlagsahne vorsichtig mit der Hand unterrühren. Die restlichen Zutaten hinzufügen, schnell verquirlen und dann mit einem flexiblen Spatel unterheben, bis alles gut vermischt ist.

g) In die vorbereitete Kastenform kratzen, fest abdecken und 8 Stunden lang einfrieren, oder bis die Masse fest genug zum Schneiden ist oder bis die Innentemperatur 0 °F erreicht.

h) Drehen Sie das Semifreddo zum Servieren auf eine abgekühlte Schüssel.

67. Zabaglione

Macht: 4

ZUTATEN:
- 4 Eigelb
- ¼ Tasse Zucker
- ½ Tasse Marsala Dry oder anderer trockener Weißwein
- ein paar Zweige frische Minze

ANWEISUNGEN:

l) In einer hitzebeständigen Schüssel Eigelb und Zucker verrühren, bis die Masse hellgelb und glänzend ist. Anschließend sollte der Marsala untergerührt werden.

m) Bringen Sie einen mittelgroßen Topf, der zur Hälfte mit Wasser gefüllt ist, zum Kochen. Beginnen Sie mit dem Schlagen der Ei-Wein-Mischung in der hitzebeständigen Schüssel oben auf dem Topf.

n) 10 Minuten lang mit elektrischen Rührgeräten (oder einem Schneebesen) über heißem Wasser weiter schlagen.

o) Verwenden Sie ein sofort ablesbares Thermometer, um sicherzustellen, dass die Mischung während der Garzeit 160 °F erreicht.

p) Vom Herd nehmen und Zabaglione über die vorbereiteten Früchte schöpfen und mit frischen Minzblättern garnieren.

q) Zabaglione ist gleichermaßen lecker, serviert auf Eis oder pur.

68. Affogato

Macht: 1

ZUTATEN:
- 1 Kugel Vanilleeis
- 1 Schuss Espresso
- Ein Schuss Schokoladensauce, optional

ANWEISUNGEN:
a) In ein Glas eine Kugel Vanilleeis und 1 Schuss Espresso geben.
b) Aufschlag!

69. Haferflocken-Zimt-Eis

Ergibt etwa 1 Liter

ZUTATEN:
- Leere Eiscremebasis
- 1 Tasse Hafer
- 1 Esslöffel gemahlener Zimt

ANWEISUNGEN:
a) Bereiten Sie die Rohlingsbasis gemäß den Anweisungen vor.
b) In einer kleinen Pfanne bei mittlerer Hitze Haferflocken und Zimt vermengen. Unter regelmäßigem Rühren 10 Minuten lang rösten, bis es braun und aromatisch ist.
c) Zum Aufgießen den gerösteten Zimt und die Haferflocken zum Boden geben, sobald sie vom Herd kommen, und etwa 30 Minuten ziehen lassen. Verwenden Sie ein Sieb über einer Schüssel. Die Feststoffe abseihen und durchdrücken, um sicherzustellen, dass möglichst viel von der aromatisierten Sahne erhalten wird. Es kann sein, dass etwas Haferflockenbrei durchkommt, aber das ist in Ordnung – es ist köstlich! Reservieren Sie die Haferflockenfeststoffe für das Haferflockenrezept!
d) Durch die Absorption geht ein Teil der Mischung verloren, sodass die Zutaten für dieses Eis etwas geringer ausfallen als gewöhnlich.

e) Bewahren Sie die Mischung über Nacht in Ihrem Kühlschrank auf. Wenn Sie bereit sind, das Eis zuzubereiten, mixen Sie es erneut mit einem Stabmixer, bis es glatt und cremig ist.
f) In eine Eismaschine füllen und gemäß den Anweisungen des Herstellers einfrieren. In einem luftdichten Behälter aufbewahren und über Nacht einfrieren.

70. Doppeltes Schokoladengelato

Macht: 4-6

ZUTATEN:
- ½ Tasse Sahne
- 2 Tassen Milch
- ¾ Tasse Zucker
- ¼ Teelöffel Salz
- 7 Unzen hochwertige dunkle Schokolade
- 1 Teelöffel Vanilleextrakt
- Kokosbutter

ANWEISUNGEN:

a) Der erste Schritt besteht darin, die Schokolade zu schmelzen und dann etwas abzukühlen. Milch, Sahne und Butter in eine Schüssel geben und gut verrühren.

b) Den Zucker mit einem Schneebesen und Salz unterrühren. Rühren Sie etwa 4 Minuten lang weiter, bis sich Zucker und Salz aufgelöst haben. Dann den Vanilleextrakt untermischen.

c) Zum Schluss die Schokolade untermischen, bis alles gut vermischt ist. Geben Sie die Zutaten in Ihre Eismaschine und lassen Sie sie 25 Minuten lang rühren.

d) Geben Sie das Gelato in einen luftdichten Behälter und stellen Sie es bis zu 2 Stunden lang in den Gefrierschrank, bis es schmecktd-Konsistenz erreicht ist.

71. Kirsch-Erdbeer-Gelato

Macht: 4-6

ZUTATEN:
- ½ Tasse Sahne
- 2 Tassen Milch
- ¾ Tasse Zucker
- Kokosbutter
- 1 Tasse geschnittene Erdbeeren
- 1 Esslöffel Vanilleextrakt

ANWEISUNGEN:
a) Die Erdbeere mit einem Mixer gründlich pürieren. Milch, Sahne und Butter in eine Schüssel geben und gut verrühren. Den Zucker mit einem Schneebesen unterrühren.
b) Etwa 4 Minuten lang weiterrühren, bis sich der Zucker aufgelöst hat. Anschließend Vanilleextrakt und Erdbeerpüree untermischen.
c) Geben Sie die Zutaten in Ihre Eismaschine und lassen Sie sie 25 Minuten lang rühren.
d) Geben Sie das Gelato in einen luftdichten Behälter und stellen Sie es für bis zu 2 Stunden in den Gefrierschrank, bis die gewünschte Konsistenz erreicht ist.

72. <u>Butterige Croissant-Schichten mit Prosciutto</u>

Macht: 8

ZUTATEN:
- 3 Esslöffel gesalzene Butter, in dünne Scheiben geschnitten, plus etwas mehr zum Einfetten
- 6 Croissants, grob in Drittel gerissen
- 8 große Eier
- 3 Tassen Vollmilch
- 1 Esslöffel Dijon-Senf
- 1 Esslöffel gehackter frischer Salbei
- ¼ Teelöffel frisch geriebene Muskatnuss
- Koscheres Salz und frisch gemahlener Pfeffer
- 12 Unzen gefrorener Spinat, aufgetaut und trockengedrückt
- 1½ Tassen geriebener Gouda-Käse
- 1½ Tassen geriebener Gruyère-Käse
- 3 Unzen dünn geschnittener Schinken, zerrissen

ANWEISUNGEN:

a) Heizen Sie den Ofen auf 350 °F vor. Eine 9 × 13 Zoll große Auflaufform einfetten.

b) Ordnen Sie die Croissants auf dem Boden der Auflaufform an und bedecken Sie sie mit der in Scheiben geschnittenen Butter. 5 bis 8 Minuten backen, bis es leicht geröstet ist. Herausnehmen und in der Pfanne abkühlen lassen, bis es sich nicht mehr heiß anfühlt (ca. 10 Minuten).

c) In einer mittelgroßen Schüssel Eier, Milch, Senf, Salbei, Muskatnuss sowie eine Prise Salz und Pfeffer verquirlen. Den Spinat und eine ¾ Tasse von jedem Käse unterrühren. Gießen Sie die Mischung vorsichtig über die gerösteten Croissants und verteilen Sie sie gleichmäßig. Mit dem restlichen Käse belegen und zum Schluss den Prosciutto dazugeben. Abdecken und mindestens 30 Minuten oder über Nacht im Kühlschrank lagern.

d) Wenn Sie zum Backen bereit sind, nehmen Sie die Schichten aus dem Kühlschrank und heizen Sie den Ofen auf 350 °F vor.

e) Backen, bis die Mitte der Schichten fest ist, etwa 45 Minuten. Wenn die Croissants anfangen zu bräunen, bevor die Schichten fertig gebacken sind, decken Sie sie mit Folie ab und backen Sie weiter.

f) Die Schichten aus dem Ofen nehmen und vor dem Servieren 5 Minuten abkühlen lassen.

73. Balsamico-Pfirsich-Brie-Tarte

Macht: 6

ZUTATEN:
- 1 Blatt gefrorener Blätterteig, aufgetaut
- ⅓ Tasse Zitronen-Basilikum-Pesto
- 1 (8 Unzen) Laib Brie-Käse, mit der Schale versehen und in Scheiben geschnitten
- 2 reife Pfirsiche, in dünne Scheiben geschnitten
- Natives Olivenöl extra
- Koscheres Salz und frisch gemahlener Pfeffer
- 3 Unzen dünn geschnittener Schinken, zerrissen
- ¼ Tasse Balsamico-Essig
- 2 bis 3 Esslöffel Honig
- Frische Basilikumblätter zum Servieren

ANWEISUNGEN:
a) Heizen Sie den Ofen auf 425 °F vor. Ein umrandetes Backblech mit Backpapier auslegen.
b) Rollen Sie den Blätterteig vorsichtig auf einer sauberen Arbeitsfläche auf eine Dicke von 0,5 cm aus und legen Sie ihn auf das vorbereitete Backblech. Stechen Sie den Teig rundherum mit einer Gabel ein und verteilen Sie dann das Pesto gleichmäßig auf dem Teig, sodass ein Rand von ½ Zoll frei bleibt.
c) Brie und Pfirsiche auf dem Pesto anrichten und leicht mit Olivenöl beträufeln. Mit Salz und Pfeffer würzen und mit dem Prosciutto belegen.
d) Die Teigränder mit Pfeffer bestreuen.
e) 25 bis 30 Minuten backen, bis der Teig goldbraun und der Prosciutto knusprig ist.
f) In der Zwischenzeit in einer kleinen Schüssel Essig und Honig verrühren.
g) Die Tarte aus dem Ofen nehmen, mit Basilikumblättern belegen und mit der Honigmischung beträufeln. In Stücke schneiden und warm servieren.

74. Zwiebel-Prosciutto-Tarte

Ergibt: 8 Portionen

ZUTATEN:
- ½ Pfund Blätterteig
- 4 große Zwiebeln; gehackt
- 3 Unzen Prosciutto; gewürfelt
- ½ Teelöffel Thymian
- ½ Teelöffel Rosmarin
- 2 Esslöffel Olivenöl
- 12 große schwarze Oliven in Öl; entkernt
- Frisch gemahlener schwarzer Pfeffer
- Bei Bedarf salzen
- 1 Ei

ANWEISUNGEN:

a) Zwiebeln in Öl mit Kräutern anbraten, bis die Zwiebeln glasig sind. Prosciutto hinzufügen und 3 Minuten kochen lassen. Mit Pfeffer würzen und salzen. Kühlen.

b) Rollen Sie den Teig zu einem Rechteck von 11 x 9 Zoll aus. Schneiden Sie 4 Teigstreifen aus, um die Ränder zu bilden, und drücken Sie sie an die Ränder des Rechtecks.

c) Auf ein Backblech legen und die Ränder mit geschlagenem Ei bestreichen. ½ Stunde kalt stellen. Den Ofen auf 425 °C vorheizen. Die Zwiebelmischung auf dem vorbereiteten Teig verteilen. 30 Minuten backen.

d) Reduzieren Sie die Hitze auf 300 °C, dekorieren Sie die Torte mit geschnittenen Oliven und backen Sie weitere 15 Minuten weiter.

75. Prosciutto-Oliven-Tomatenbrot

Ergibt: 1 Portionen

ZUTATEN:
- 1 Pfund Laib, 1 1/2 Pfund Laib
- 1 Tasse Wasser
- 2 Esslöffel Pflanzenöl
- ⅓ Tasse reife Tomate
- ⅓ Tasse Oliven, entkernte Alfonse-Oliven oder andere in Wein eingelegte Oliven
- ⅓ Tasse Schinken, zerkleinert
- 2 Teelöffel Zucker
- ½ Teelöffel Salbei
- 1 Teelöffel Salz
- ⅓ Tasse Roggenmehl
- 1½ Tasse Vollkornmehl
- 1½ Tasse Brotmehl
- 1½ Teelöffel Hefe

ANWEISUNGEN:
a) Nach den Anweisungen des Herstellers backen.

76. Prosciutto-Orangen-Popovers

Ergibt: 6 Portionen

ZUTATEN:
- 1 Tasse Mehl
- ¼ Teelöffel Salz
- 1 Tasse Milch
- 2 Eier; leicht geschlagen
- 1 Esslöffel geschmolzene Margarine
- 2 Scheiben Prosciutto; von überschüssigem Fett befreit; fein gehackt
- 1 große Orange; fein abgeriebene Schale davon

ANWEISUNGEN:
a) Stellen Sie die Pfanne in den Ofen und heizen Sie sie auf 450 Grad vor. Nehmen Sie die Pfanne aus dem Ofen, sobald sie heiß ist.
b) Mehl und Salz verrühren. Milch, Eier und geschmolzene Margarine unterrühren, bis eine glatte Masse entsteht. Nicht übertreiben. Prosciutto und Orangenschale unterrühren.
c) Den Teig in die heiße Pfanne füllen und im vorgeheizten Backofen 15 Minuten backen. Drehen Sie die Hitze auf 350 Grad und backen Sie 15 bis 20 Minuten lang weiter, bis es aufgebläht und gebräunt ist. Öffnen Sie während der Backzeit niemals die Ofentür, da sonst die Luft aus den Popovers abfließt.
d) Aus dem Ofen nehmen und mit einem Messer um jeden Popover herumfahren.
e) Aus der Pfanne nehmen und jeweils mit einem Messer einstechen.

77. **Kandierter Prosciutto**

ZUTATEN:
- 3 Tassen Zucker
- 1 1/2 Tassen Prosciutto di Parma-Scheiben, gehackt

ANWEISUNGEN:

a) Zucker in einem mittelgroßen Topf langsam schmelzen, Prosciutto dazugeben und 3 Minuten verrühren.
b) Verteilen Sie die Mischung auf einem Backblech mit Wachs oder Pergamentpapier.
c) Abkühlen lassen und zerbröseln.

78. Mozzarella-Prosciutto-Kartoffelkuchen

Macht: 6

ZUTATEN:
- Mozzarella-Prosciutto-Kartoffelkuchen
- 1/2 Tasse (35 g) frische Semmelbrösel
- 900 Gramm Kartoffeln, geschält
- 1/2 Tasse (125 ml) heiße Milch
- 60 Gramm Butter, in Würfel geschnitten
- 2/3 Tasse (50 g) geriebener Parmesan
- 2 Eier
- 1 Eigelb
- 1 Tasse (100 g) geriebener Mozzarella
- 100 Gramm Prosciutto, gewürfelt
- Baby-Rakete, zum Servieren

ANWEISUNGEN:
a) Backofen auf sehr heiße 200 °C (180 °C Umluft) vorheizen.
b) Eine 20-cm-Springform mit Butter einfetten; Den Boden mit einem Drittel der Semmelbrösel bestreuen.
c) Kartoffeln in einem Topf mit kochendem Salzwasser 15 Minuten kochen, bis sie weich sind. Abfluss; 1 Minute zurück in die Pfanne geben, bis es trocken ist.
d) Kartoffeln zerstampfen, Milch und die Hälfte der Butter hinzufügen. Parmesan, Ei und Eigelb unterrühren; Jahreszeit.
e) Die vorbereitete Form mit der Hälfte der Kartoffelmischung bestreichen. Mit Mozzarella und Prosciutto bedecken; Mit der restlichen Kartoffelmischung belegen. Mit der restlichen Butter beträufeln; Mit restlichen Semmelbröseln bestreuen.
f) 30 Minuten backen, bis es goldbraun und warm ist; Kuchen 10 Minuten stehen lassen. In Scheiben schneiden und mit Rucola servieren.

79. Grüne Erbsen-Panna Cotta mit Prosciutto

Ergibt: 8-10 Portionen

ZUTATEN
GRÜNE ERBSEN-PANNA COTTA:
- Kochspray aus Raps oder einem anderen neutralen Öl
- 1 EL. Agar-Agar-Flocken
- 1 kleine Selleriestange, in Stücke geschnitten
- 2" Zweig frischer Rosmarin
- 1 Lorbeerblatt
- 1/2 TL. ganze schwarze Pfefferkörner
- 1/4 TL. ganze Pimentbeeren
- 2 Zweige glatte italienische Petersilie
- Speisesalz, nach Geschmack
- 2 Tassen grüne Erbsen
- 1/4 c. Schlagsahne
- 2 Esslöffel Briekäse
- Cayennepfeffer nach Geschmack
- Pfeffer, nach Geschmack
- Mikrogrün oder Selleriegrün zum Garnieren

SCHINKEN-CHIPS:
- 4 dünne Scheiben Prosciutto de Parma

GRÜNE ERBSEN-PANNA COTTA:
a) Heizen Sie den Ofen mit einem Rost in der Mitte auf 200 °C (400 °F) vor. Ein umrandetes Backblech mit Folie auslegen. Bestreichen Sie die Förmchen einer Mini-Muffinform mit 12 Tassen leicht mit Kochspray und stellen Sie sie beiseite.

b) Kombinieren Sie 1-3/4 Tassen Wasser, Agar-Agar, Sellerie, Rosmarin, Lorbeerblatt, Pfefferkörner, Pimentbeeren, Petersilie und 1/4 Teelöffel Speisesalz in einem kleinen Topf. Bei starker Hitze köcheln lassen, dabei gelegentlich den Boden der Pfanne abkratzen und dann die Hitze auf eine niedrige Stufe reduzieren. Kratzen Sie weiterhin gelegentlich den Boden der Pfanne ab, da sich das Agar-Agar gerne absetzt, bis es aufgelöst zu sein scheint (ca. 6–8 Minuten).

c) Erbsen in einen Mixer geben und pürieren. Die Agar-Agar-Brühe durch ein feinmaschiges Sieb in den Mixer abseihen. Fügen Sie Sahne, Brie, ein oder zwei Prisen Cayennepfeffer und zusätzliches Wasser hinzu, um die Menge auf knapp über 2 Tassen zu bringen.

d) Pürieren Sie alles, bis es glatt ist, und kratzen Sie dabei nach Bedarf an den Seiten des Mixers nach unten. Abschmecken und mit Salz, weißem Pfeffer und bei Bedarf zusätzlich Cayennepfeffer abschmecken und kurz verrühren, bis alles vollständig eingearbeitet ist. Verteilen Sie die Mischung gleichmäßig auf die 12 vorbereiteten Muffinförmchen.

e) Klopfen Sie mehrmals auf die Pfanne, um sich zu setzen und eventuell entstandene Luftblasen zu entfernen. Etwa eine Stunde ruhen lassen, damit das Agar-Agar fest wird.

f) Führen Sie beim Servieren ein dünnes Messer um den Rand der Panna Cotta und lassen Sie sie dann herausspringen.

SCHINKEN-CHIPS:

g) Den Ofen auf 250° F vorheizen.

h) Schneiden Sie mit einem 1-Zoll-Rundschneider Kreise aus dem Prosciutto. Auf ein Backblech mit Backpapier legen und 10–15 Minuten knusprig backen. Zum Garnieren aufbewahren.

MONTAGE:

i) Legen Sie die Panna Cotta auf ein Tablett.

j) Legen Sie eine Prosciutto-Scheibe auf die Aioli.

k) Mit Mikrogrün oder Selleriegrün garnieren.

80. Limettengelato mit Chiasamen

ZUTATEN:
- Abgeriebene Schale und Saft von 4 Limetten
- ¾ Tasse Zucker
- Tassen halb und halb
- große Dotter
- 1¼ Tassen Sahne
- ⅔ Tasse Chiasamen

ANWEISUNGEN:

a) In einer Küchenmaschine die Limettenschale und den Zucker etwa fünfmal zerkleinern, um die Öle aus der Schale zu extrahieren. Den Limettenzucker in eine Schüssel geben.

b) Füllen Sie eine große Schüssel teilweise mit Eis und Wasser, stellen Sie eine mittelgroße Schüssel in das Eiswasser und stellen Sie ein feinmaschiges Sieb darüber.

c) In einem Topf ½ Tasse Limettenzucker und die Hälfte davon vermischen. Bei mittlerer Hitze köcheln lassen und umrühren, um den Zucker aufzulösen.

d) In der Zwischenzeit das Eigelb zum restlichen Limettenzucker in die Schüssel geben und verrühren.

e) Etwa die Hälfte der heißen Halb-und-Halb-Mischung nach und nach unter ständigem Rühren in die Eigelbe geben und diese Mischung dann in die Halb-und-Halb-Mischung im Topf schlagen.

f) Unter ständigem Rühren ca. 5 Minuten kochen, bis die Vanillesoße dick genug ist, um die Rückseite des Löffels zu bedecken.

g) Gießen Sie die Vanillesoße durch das Sieb in die vorbereitete Schüssel und rühren Sie, bis sie abgekühlt ist.

h) Limettensaft, Sahne und Chiasamen unterrühren. Nehmen Sie die Schüssel aus dem Eisbad, decken Sie sie ab und stellen Sie sie in den Kühlschrank, bis die Creme kalt ist, mindestens 2 Stunden oder bis zu 4 Stunden.

i) Einfrieren und in einer Eismaschine gemäß den Anweisungen des Herstellers umrühren. Für eine weiche Konsistenz servieren Sie das Eis sofort; Um eine festere Konsistenz zu erhalten, füllen Sie es in einen Behälter, decken Sie es ab und lassen Sie es 2 bis 3 Stunden lang im Gefrierschrank aushärten.

81. Schokoladen-Kirsch-Eistorte

ZUTATEN:
- 1 Tasse (2 Stangen) ungesalzene Butter
- 1 Tasse feinster Zucker
- 1 Teelöffel. reiner Vanilleextrakt
- 4 Eier, geschlagen
- 2 Tassen weniger 1 gehäufter EL. Allzweckmehl
- 1 gehäufter EL. ungesüßtes Kakaopulver
- 1 ½ TL. Backpulver
- 4 Tassen entkernte und gehackte Kirschen
- ½ Tasse Cranberrysaft
- 3 EL. hellbrauner Zucker
- ½ RezeptLuxus-Vanille-Gelato
- 1 Tasse Sahne, leicht geschlagen
- ein paar Kirschen zum Garnieren
- Schokoladenlocken

ANWEISUNGEN:

a) Den Backofen auf 350°F (180°C) vorheizen. Fetten Sie eine 7-Zoll-Springform oder eine tiefe Kuchenform mit losem Boden leicht ein. Butter, Zucker und Vanille verrühren, bis eine helle, cremige Masse entsteht.

b) Die Hälfte der Eier vorsichtig unterrühren, dann nach und nach die trockenen Zutaten abwechselnd mit den restlichen Eiern unterheben, bis alles gut vermischt ist. In die vorbereitete Kuchenform geben, die Oberseite flach drücken und 35 bis 40 Minuten backen, bis es sich gerade fest anfühlt.

c) In der Pfanne abkühlen lassen, dann herausnehmen, in Folie einwickeln und im Kühlschrank aufbewahren, bis es wirklich kalt ist, um das Schneiden zu erleichtern.

d) Die Kirschen mit dem Preiselbeersaft und dem braunen Zucker in einen kleinen Topf geben. Bei mäßiger Hitze kochen, bis es weich ist. Zum Abkühlen beiseite stellen und dann in den Kühlschrank stellen, bis es wirklich kalt ist. Bereiten Sie das Vanilleeis zu, bis es eine löffelbare Konsistenz erreicht.

e) Den Kuchen mit einem langen Messer in drei gleichmäßige Schichten schneiden. Legen Sie eine Schicht in die 7-Zoll-Kuchenform und geben Sie die Hälfte der Kirschen und ein Drittel ihres Safts darauf. Mit einer Schicht Gelato und dann mit der zweiten Tortenschicht bedecken. Den Rest der Kirschen hinzufügen, aber nicht den gesamten Saft (mit dem restlichen Saft die Unterseite des dritten Kuchenbodens befeuchten).

f) Mit dem restlichen Gelato und dem letzten Kuchenboden bedecken.

g) Gut andrücken, mit Plastikfolie abdecken und über Nacht einfrieren. (Auf Wunsch kann der Kuchen bis zu 1 Monat im Gefrierschrank aufbewahrt werden.)

82. **Schokoladenbombe**

ZUTATEN:
- ½ RezeptBitterschokolade-Gelato
- ½ Tasse Schlagsahne
- 1 kleines Eiweiß
- ⅛ Tasse feinster Zucker
- 4 Unzen. frische Himbeeren, püriert und abgeseiht
- 1 RezeptHimbeersauce

ANWEISUNGEN:

a) Kühlen Sie im Gefrierschrank eine 3 ½ bis 4 Tassen fassende Bombe-Form oder eine Metallschüssel. Bereiten Sie das Gelato vor. Wenn die Konsistenz streichfähig ist, stellen Sie die Form in eine Schüssel mit Eis. Füllen Sie die Innenseite der Form mit Gelato aus und achten Sie darauf, dass eine dicke, gleichmäßige Schicht entsteht. Glätten Sie die Oberseite. Die Form sofort in den Gefrierschrank stellen und einfrieren, bis sie richtig fest ist.

b) In der Zwischenzeit die Sahne steif schlagen. In einer separaten Schüssel das Eiweiß verquirlen, bis sich weiche Spitzen bilden, dann den Zucker vorsichtig unterrühren, bis es glänzend und steif ist. Schlagsahne, Eiweiß und passierte Himbeeren verrühren und kalt stellen. Wenn das Schokoladeneis richtig fest ist, die Himbeermischung in die Mitte der Bombe geben.

c) Die Oberseite glatt streichen, mit Wachspapier oder Folie abdecken und mindestens 2 Stunden einfrieren.

d) Nehmen Sie die Bombe etwa 20 Minuten vor dem Servieren aus dem Gefrierschrank, stechen Sie einen feinen Spieß durch die Mitte, um die Luftschleuse zu lösen, und fahren Sie mit einem Messer um die innere Oberkante herum. Auf einen gekühlten Teller stürzen und die Pfanne kurz mit einem heißen Tuch auswischen. Drücken oder schütteln Sie die Pfanne ein- oder zweimal, um zu sehen, ob die Bombe herausrutscht. Wenn nicht, wischen Sie es erneut mit einem heißen Tuch ab. Wenn es herausrutscht, müssen Sie möglicherweise die Oberfläche mit einem kleinen Spachtel säubern und dann sofort wieder für mindestens 20 Minuten in den Gefrierschrank stellen, damit es wieder fest wird.

e) In Scheiben geschnitten mit der Himbeersauce servieren. Diese Bombe bleibt in der Pfanne im Gefrierschrank 3 bis 4 Wochen haltbar.

83. Ananas gebackene Alaska

ZUTATEN:
- 1 6 bis 8 oz. Stück gekaufter Ingwerkuchen
- 6 Scheiben reife, geschälte Ananas
- 3 Tassen Tutti-Frutti-Gelato, Erweichung
- 3 große Eiweiße
- ¾ Tasse feinster Zucker
- ein paar frische Ananasstücke zum Dekorieren

ANWEISUNGEN:
a) Schneiden Sie den Kuchen in zwei dicke Stücke und legen Sie ihn quadratisch oder kreisförmig auf ein wiederverwendbares Backblech, damit Sie ihn später problemlos auf eine Servierplatte legen können.
b) Schneiden Sie die 6 Ananasscheiben in Dreiecke oder Viertel und legen Sie sie über den Kuchen, um eventuelle Tropfen aufzufangen. Die Ananasstücke auf dem Kuchen anordnen und dann mit dem Gelato belegen. Stellen Sie die Pfanne sofort in den Gefrierschrank, um das Gelato wieder einzufrieren, falls es zu weich geworden ist.
c) In der Zwischenzeit das Eiweiß sehr steif schlagen und dann nach und nach den Zucker unterrühren, bis die Masse steif und glänzend wird.
d) Verteilen Sie die Baisermischung gleichmäßig auf dem Gelato und stellen Sie es wieder in den Gefrierschrank. Bei Bedarf kann dieser für ein paar Tage eingefroren werden.
e) Zum Servieren den Ofen auf 230 °C (450 °F) vorheizen. Stellen Sie die Backform für nur 5 bis 7 Minuten in den heißen Ofen, oder bis sie ganz goldbraun ist.
f) Auf eine Servierplatte geben und sofort servieren, dekoriert mit ein paar frischen Ananasstücken.

84. In Schokolade getauchte Gelato-Pops

ZUTATEN:
- 1 RezeptLuxus-Vanille-Gelato
- 1 RezeptSchokoladensoße
- fein gehackte Nüsse oder Streusel

ANWEISUNGEN:
a) Aus dem Eis Kugeln unterschiedlicher Größe formen. Legen Sie sie sofort auf Wachspapier und frieren Sie sie erneut gründlich ein.

b) Bereiten Sie die Schokoladensauce zu und lassen Sie sie an einem kühlen (nicht kalten) Ort stehen, bis sie abgekühlt ist, aber nicht eindickt.

c) Decken Sie mehrere Backbleche mit Wachspapier ab. Stecken Sie einen Eisstiel in die Mitte einer Kugel Eis und tauchen Sie ihn in die Schokolade, bis er vollständig bedeckt ist. Halten Sie es über die Schüssel mit der Schokolade, bis es nicht mehr tropft, und legen Sie es dann auf das saubere Wachspapier.

d) Nach Belieben mit Nüssen oder bunten Streuseln bestreuen. Legen Sie das Eis in den Gefrierschrank und lassen Sie es mehrere Stunden lang richtig hart werden. Obwohl sie je nach verwendeter Eissorte mehrere Wochen haltbar sind, ist es besser, sie so schnell wie möglich zu essen.

e) Ergibt 6–8 (mehr, wenn Sie einen sehr kleinen Löffel verwenden)

85. Cappuccino-Frappé

Macht: 6

ZUTATEN:
- 4 EL. Kaffeelikör
- ½ Rezept Kaffee-Gelato
- 4 EL. Rum
- ½ Tasse Sahne, geschlagen
- 1 EL. ungesüßtes Kakaopulver, gesiebt

ANWEISUNGEN:
a) Den Likör auf den Boden von 6 gefrierfesten Gläsern oder Tassen füllen und gut abkühlen lassen oder einfrieren.
b) Bereiten Sie das Gelato wie angegeben vor, bis es teilweise gefroren ist. Dann den Rum mit einem Elektromixer schaumig schlagen, sofort über den gefrorenen Likör löffeln und erneut einfrieren, bis er fest, aber nicht hart ist.
c) Die geschlagene Sahne über das Gelato spritzen.
d) Großzügig mit Kakaopulver bestreuen und für ein paar Minuten in den Gefrierschrank stellen, bis es absolut servierfertig ist.

86. Pochierte Feigen in gewürztem Rotwein mit Gelato

Ergibt: 2 Portionen

ZUTATEN:
- 1½ Tasse trockener Rotwein
- 1 Esslöffel Zucker (1-2T), nach Geschmack
- 1 Zimtstange
- 3 ganze Nelken
- 3 ganze frische Feigen, geviertelt
- Als Beilage Vanillegelato
- Nach Belieben Minzzweige zum Garnieren

ANWEISUNGEN:
a) In einem Topf Wein, Zucker, Zimt und Nelken vermischen.
b) Bringen Sie die Flüssigkeit bei mäßig hoher Hitze unter Rühren zum Kochen und lassen Sie die Mischung 5 Minuten lang köcheln. Die Feigen hinzufügen und köcheln lassen, bis die Feigen durchgewärmt sind. Zum Erwärmen abkühlen lassen.
c) Die Gelato-Kugeln in zwei Stielgläsern anrichten und mit den Feigen und etwas Pochierflüssigkeit belegen. Nach Belieben mit Minze garnieren.

87. Pina-Colada-Baiser-Gelato-Kuchen

Ergibt: 6 Portionen

ZUTATEN:
- ½ Tasse dehydrierte Ananas
- 20 g dunkle (70 %) Schokolade
- 100 g fertiges Baiser
- 1 ¼ Tassen Sahne
- 2-4 EL Malibu-Kokos-Rum
- Zum Garnieren frische Minze oder geröstete Kokosraspeln

ANWEISUNGEN:
a) Eine 13 x 23 cm große Kastenform mit Frischhaltefolie auslegen. Stellen Sie sicher, dass an den Seiten mehrere Zentimeter Kunststoff überstehen.
b) Die Ananas so hacken, dass kein Stück größer als eine Rosine ist. Machen Sie dasselbe mit der Schokolade.
c) Das Baiser zu Streuseln zerkleinern. Versuchen Sie, dies schnell zu tun, da das Baiser Feuchtigkeit aus der Luft aufnimmt und klebrig wird.
d) Schlagen Sie die Sahne in einer großen Rührschüssel zu weichen Spitzen auf. Fügen Sie das Malibu hinzu und schlagen Sie es erneut einige Sekunden lang, bis die weichen Spitzen wieder auftreten.
e) Ananas und Schokolade in die Schüssel geben und vorsichtig unter die Sahne heben. Das Baiser hinzufügen und erneut vorsichtig unterheben. Gießen Sie alles in die Kastenform und klopfen Sie ein paar Mal sanft gegen die Arbeitsfläche, damit sich der Inhalt setzt und verteilt. Falten Sie die überstehende Plastikfolie über die Oberseite des Kuchens und wickeln Sie die Form dann in eine weitere Schicht Plastikfolie ein. Den Kuchen über Nacht in den Gefrierschrank stellen.
f) Zum Servieren ziehen Sie den Kuchen mithilfe der überstehenden Plastikfolie aus der Form. In Scheiben schneiden und mit Minzzweigen oder besser noch einer Prise gerösteter Kokosraspeln belegen. Es ist eine weiche Sahnetorte, also sofort verzehren.

88. Erdbeer-Baiser-Gelato-Kuchen

Ergibt: 8 Portionen

ZUTATEN:
- Italienisches Baiser
- 4 frische Eiweiße
- 1 ½ Tasse weißer Zucker
- ¼ Tasse Wasser
- 1 EL flüssige Glukose oder leichter Maissirup
- Erdbeeren
- 3 Tassen Erdbeeren, gewaschen, getrocknet und geschält
- 1 EL Puderzucker/Puderzucker
- 1 EL weißer Zucker
- Creme
- ¾ Tasse doppelte/starke Sahne

ANWEISUNGEN:

a) Um das italienische Baiser zuzubereiten, geben Sie Zucker, Wasser und Glukose/Maissirup in einen mittelgroßen Topf. Geben Sie die Eier in die (peinlich saubere) Schüssel einer Küchenmaschine.

b) Stellen Sie die Hitze unter dem Topf auf mittlere Stufe ein, bringen Sie die Zuckermischung zum Kochen und schwenken Sie den Topf, um den Zucker zu bewegen, sobald er sich aufgelöst hat.

c) Verwenden Sie ein Zuckerthermometer, um die Temperatur des kochenden Sirups zu überprüfen. Bitte seien Sie vorsichtig mit heißem Zucker! Wenn die Temperatur 100 °C erreicht, stellen Sie den Schneebesen der Küchenmaschine auf höchste Stufe.

d) Wenn der Zucker 116 °C erreicht hat (oder die „weiche Kugel"-Stufe erreicht hat), nehmen Sie den Sirup vom Herd und gießen Sie ihn langsam in das lockere Eiweiß, wobei Sie den Mixer auf mittlerer bis hoher Geschwindigkeit halten.

e) Sobald der gesamte Sirup eingefüllt ist, reduzieren Sie die Geschwindigkeit auf eine niedrige Stufe und lassen Sie den Schneebesen stehen, bis das Eiweiß abgekühlt ist. Dies kann bis zu 30 Minuten dauern.

f) Nehmen Sie währenddessen die Hälfte der Erdbeeren und den Puderzucker und pürieren Sie sie in einer Küchenmaschine, bis eine glatte Masse entsteht. Durch ein Sieb passieren, um alle Kerne zu entfernen, und im Kühlschrank aufbewahren.

g) Nehmen Sie die andere Hälfte der Erdbeeren und schneiden Sie sie in Scheiben. Heben Sie die schönsten Stücke auf, um Ihren Kuchen zu dekorieren, fügen Sie den weißen Zucker zum Rest hinzu und lassen Sie ihn einweichen.

h) Geben Sie die Sahne in eine große Schüssel und schlagen Sie sie auf, bis sie die Konsistenz von Softeis hat (denken Sie an Eisbecher oder Mr. Whippy in Großbritannien).

i) Nehmen Sie eine Kastenform, die mindestens sechs Tassen fasst. Möglicherweise benötigen Sie einen weiteren Behälter, da diese Mischung bis zu zehn Tassen ergeben kann. Befeuchten Sie sie mit etwas Wasser, schütteln Sie den Überschuss ab und legen Sie ihn mit Plastikfolie aus.

j) Legen Sie die reservierten Erdbeerscheiben in einem Muster auf den Boden Ihrer mit Backpapier ausgelegten Kastenform.

k) Nehmen Sie die Sahne und geben Sie sie zusammen mit dem Erdbeerpüree und den geschnittenen Erdbeeren in das Baiser. Alles vorsichtig mit einem Esslöffel vermengen, bis eine gerade gewellte Masse entsteht.

l) Geben Sie die Mischung in die vorbereitete Dose, alles, was übrig bleibt, können Sie in einen anderen mit Backpapier ausgelegten Behälter löffeln. Die Oberseite des Hauptkuchens kann mit einem Spachtel geglättet werden, der darüber gezogen wird, ähnlich wie ein Maurer den Zement auf einer Ziegelwand glättet. Tun Sie dies über dem anderen Behälter, um die überschüssige Mischung aufzufangen.

m) Mit Plastikfolie abdecken und einfrieren, bis es fest ist. Dies dauert mindestens 7–8 Stunden, kann aber über Nacht stehen gelassen werden, damit es vollständig fest wird.

n) 10 Minuten vor dem Servieren aus dem Gefrierschrank nehmen, die Plastikfolie abziehen, auf einen Servierteller legen, die Plastikfolie entfernen und mit einem in heißem Wasser getränkten Brotmesser Scheiben schneiden.

89. Toblerone-Gelato

ZUTATEN:
- 24 Unzen Vollmilch
- 2,7 Unzen brauner Zucker
- 3 Esslöffel Maisstärke
- 2 Esslöffel Kakaopulver
- 1 ½ Esslöffel Honig
- ¾ Teelöffel koscheres Salz
- 2 Unzen weicher Frischkäse
- Drei 3,5-Unzen-Riegel dunkler Toblerone, in kleine Stücke gehackt
- 1 Esslöffel Vanille
- 1 ½ Teelöffel Amaretto
- 1 Riegel Toblerone, in kleine Stücke geschnitten

ANWEISUNGEN:

a) In einem Topf mit dickem Boden Milch, Zucker, Maisstärke, Kakaopulver, Honig und Salz verrühren. Bei mittlerer bis mittlerer Hitze unter ständigem Rühren erhitzen, bis die Mischung kocht.

b) Lassen Sie die Basis 10–15 Sekunden kochen und gießen Sie sie dann mit dem Frischkäse und 3 Riegeln gehackter Toblerone in eine Schüssel. Vanille und Amaretto hinzufügen und eine Minute ruhen lassen, um den Käse und die Schokolade zu schmelzen.

c) Den Boden verquirlen, bis die Schokolade und der Käse geschmolzen sind. In der Basis befinden sich winzige Mandelstückchen.

d) Geben Sie die Basis in Ihren Mixer und mixen Sie alles, bis eine glatte Masse entsteht.

e) Den Boden in eine Metallschüssel abseihen, die sich in einer größeren, mit Eiswasser gefüllten Schüssel befindet.

f) Gelegentlich umrühren, bis die Temperatur nicht mehr als 40 °F beträgt.

g) Mischen Sie Ihre Basis gemäß den ANWEISUNGEN des Herstellers:. Wenn das Eis eine Softeis-Konsistenz hat. Fügen Sie die letzte Tafel fein gehackte Schokolade hinzu und rühren Sie weitere 2 Minuten um, bis die Süßigkeiten gleichmäßig verteilt sind.

h) In einen Behälter packen. Drücken Sie die Plastikfolie direkt auf die Oberfläche des Eises und gefrieren Sie es 4–6 Stunden oder über Nacht.

90. Schokoladen-Nutella-Gelato

Ergibt: 3 Portionen

ZUTATEN:
- ⅓ Tasse Sahne
- 1 ⅓ Tassen 2 % Milch
- ½ Tasse Kristallzucker
- 2 Esslöffel Nutella
- 2-3 Esslöffel kleine dunkle Schokoladenstückchen

ANWEISUNGEN:
a) In einer mittelgroßen bis großen Schüssel Sahne, Milch und Zucker 20 Sekunden lang bei mittlerer Geschwindigkeit verrühren und dann in den Eisbereiter gießen.
b) Wenn das Gelato fast fertig ist, Nutella und Schokoladenstückchen hinzufügen und mit der Eismaschine fortfahren, bis die gewünschte Cremigkeit erreicht ist.

91. **Kirschgelato**

Macht: 1

ZUTATEN:
- 2 Tassen Vollmilch
- 5 Eigelb
- 1 Tasse Zucker
- 1 Tasse Sahne
- 1 Teelöffel Vanille
- 2 Teelöffel geriebene Orange
- 1 Pfund entkernte Kirschen

ANWEISUNGEN:
a) Eigelb und Zucker in einem Topf bei mittlerer Hitze verquirlen, bis sich der Zucker aufgelöst hat. Milch, geriebene Orange und Sahne dazugeben und verrühren, bis alles gut vermischt ist.
b) Bei mittlerer Hitze unter ständigem Rühren 8–10 Minuten kochen, bis die Masse eingedickt ist.
c) Vom Herd nehmen.
d) Die Kirschen dazugeben und in einer Küchenmaschine gut vermischen. Die gemischten Kirschen und Vanille unterrühren. Durch ein feines Sieb in eine Plastikschüssel gießen. Abdecken und über Nacht kühl stellen.
e) Geben Sie die Mischung gemäß den Anweisungen des Herstellers in eine Eismaschine.
f) Bis zum Servieren einfrieren.

92. Brombeer-Gelato

Macht: 1

ZUTATEN:
- 2 Tassen Vollmilch
- 4 Eigelb
- 1 Tasse Zucker
- ½ Tasse Sahne
- ½ Teelöffel Salz
- 2 Tassen Brombeeren

ANWEISUNGEN:
a) Geben Sie die Brombeeren durch ein feinmaschiges Sieb über einer Rührschüssel. Drücken Sie das Fruchtfleisch mit der Rückseite eines Löffels durch das Sieb, um den Saft und das Fruchtfleisch zu entfernen, ohne die Kerne zu verwenden. Beiseite legen.
b) Eigelb und Zucker in einem mittelgroßen Topf verquirlen und erhitzen, bis sich der Zucker aufgelöst hat. Milch, Salz und Sahne hinzufügen und verrühren, bis alles gut vermischt ist.
c) Bei mittlerer Hitze unter ständigem Rühren 8–10 Minuten kochen, bis die Masse eingedickt ist.
d) Vom Herd nehmen.
e) Brombeersaft und Fruchtfleisch unterrühren. Durch ein feines Sieb in eine Plastikschüssel gießen. Abdecken und über Nacht kühl stellen.
f) Geben Sie die Mischung gemäß den Anweisungen des Herstellers in eine Eismaschine.
g) Bis zum Servieren einfrieren.

93. Himbeergelato

Macht: 1

ZUTATEN:
- 2 Tassen Vollmilch
- 4 Eigelb
- 1 ¼ Tasse Zucker
- 1 Tasse Sahne
- 1 Teelöffel Salz
- 2 Tassen Himbeeren

ANWEISUNGEN:
a) Geben Sie die Himbeeren durch ein Sieb (vorzugsweise ein Sieb), das über einer Rührschüssel steht. Als nächstes das Püree durch ein Sieb passieren, um den Saft zu entfernen, indem man die Rückseite eines Löffels nimmt und nach unten drückt. Dadurch bleibt das Fruchtfleisch übrig, ohne dass irgendwelche Samen verwendet werden. Beiseite legen.
b) In einem mittelgroßen Topf nur das Eigelb und den Zucker verrühren und den Zucker schmelzen, bis er sich gut aufgelöst hat. Milch, Salz und Sahne hinzufügen und verrühren, bis alles gut vermischt ist.
c) Bei mittlerer Hitze unter ständigem Rühren 8–10 Minuten kochen, bis die Masse eingedickt ist.
d) Vom Herd nehmen.
e) Himbeersaft und Fruchtfleisch unterrühren. Durch ein feines Sieb in eine Plastikschüssel gießen. Abdecken und über Nacht kühl stellen.
f) Geben Sie die Mischung gemäß den Anweisungen des Herstellers in eine Eismaschine.
g) Bis zum Servieren einfrieren.

94. Blaubeer-Gelato

Macht: 1

ZUTATEN:
- 2 Tassen Vollmilch
- 5 Eigelb
- 1 Tasse Zucker
- ½ Tasse Sahne
- 1 Teelöffel Salz
- 2 Tassen Blaubeeren
- 1 ½ Teelöffel Zitronensaft

ANWEISUNGEN:
a) Eigelb und Zucker in einem mittelgroßen Topf verquirlen und erhitzen, bis sich der Zucker aufgelöst hat. Milch, Salz und Sahne hinzufügen und verrühren, bis alles gut vermischt ist.
b) Bei mittlerer Hitze unter ständigem Rühren 8–10 Minuten kochen, bis die Masse eingedickt ist.
c) Vom Herd nehmen.
d) Geben Sie Blaubeeren und Zitronensaft in die Küchenmaschine und verarbeiten Sie alles, bis alles vermischt ist. Die Heidelbeer-Zitronen-Mischung in die Flüssigkeit einrühren. Durch ein feines Sieb in eine Plastikschüssel gießen. Abdecken und über Nacht kühl stellen.
e) Geben Sie die Mischung gemäß den Anweisungen des Herstellers in eine Eismaschine.
f) Bis zum Servieren einfrieren.

95. Mango-Gelato

Macht: 1

ZUTATEN:
- 2 Tassen Vollmilch
- 4 Eigelb
- 1 Tasse Zucker
- 1 Tasse Sahne
- 1 Teelöffel Salz
- 2 Tassen Mangopüree
- 1 ½ Esslöffel Maisstärke

ANWEISUNGEN:
a) Eigelb und Zucker in einem mittelgroßen Topf verquirlen und erhitzen, bis sich der Zucker aufgelöst hat. Milch, Salz und Sahne hinzufügen und verrühren, bis alles gut vermischt ist.
b) Bei mittlerer Hitze unter ständigem Rühren 8–10 Minuten kochen, bis die Masse eingedickt ist.
c) Vom Herd nehmen.
d) Geben Sie die Mangos und die Maisstärke in die Küchenmaschine und verarbeiten Sie sie, bis sie vermischt sind. Die Mangomischung in die Flüssigkeit einrühren. Durch ein feines Sieb in eine Plastikschüssel gießen. Abdecken und über Nacht kühl stellen.
e) Geben Sie die Mischung gemäß den Anweisungen des Herstellers in eine Eismaschine.
f) Bis zum Servieren einfrieren.

96. Erdnussbutter-Gelato

Macht: 1

ZUTATEN:
- 2 Tassen Vollmilch
- 5 Eigelb
- ⅔ Tasse Zucker
- 1 ½ Tassen Sahne
- 1 Teelöffel Salz
- 1 Teelöffel Vanille
- ⅔ Tasse Erdnussbutter
:

ANWEISUNGEN:
a) Eigelb und Zucker in einem mittelgroßen Topf verquirlen und erhitzen, bis sich der Zucker aufgelöst hat. Milch, Salz und Sahne hinzufügen und verrühren, bis alles gut vermischt ist.
b) Bei mittlerer Hitze unter ständigem Rühren 8–10 Minuten kochen, bis die Masse eingedickt ist.
c) Vom Herd nehmen.
d) Erdnussbutter und Vanille in die Flüssigkeit einrühren. Durch ein feines Sieb in eine Plastikschüssel gießen. Abdecken und über Nacht kühl stellen.
e) Geben Sie die Mischung gemäß den ANWEISUNGEN des Herstellers in eine Eismaschine.
f) Bis zum Servieren einfrieren.

97. Haselnuss-Gelato

Macht: 1

ZUTATEN:
- 2 Tassen Vollmilch
- 5 Eigelb
- ⅓ Tasse Zucker
- 1 ½ Tasse Sahne
- 1 Teelöffel Salz
- 1 Teelöffel Vanille
- 1 Tasse geröstete Haselnüsse

ANWEISUNGEN:
a) Eigelb und Zucker in einem mittelgroßen Topf verquirlen und erhitzen, bis sich der Zucker aufgelöst hat. Milch, Salz und Sahne hinzufügen und verrühren, bis alles gut vermischt ist.
b) Bei mittlerer Hitze unter ständigem Rühren 8–10 Minuten kochen, bis die Masse eingedickt ist.
c) Vom Herd nehmen.
d) Geröstete Haselnüsse in eine Küchenmaschine geben und zerkleinern. Haselnuss und Vanille unter die Flüssigkeit rühren. Durch ein feines Sieb in eine Plastikschüssel gießen. Abdecken und über Nacht kühl stellen.
e) Geben Sie die Mischung gemäß den Anweisungen des Herstellers in eine Eismaschine.
f) Bis zum Servieren einfrieren.

98. Gemischtes Beerengelato

Macht: 1

ZUTATEN:
- 2 Tassen Vollmilch
- 4 Eigelb
- ½ Tasse Zucker
- 1 Tasse Sahne
- 1 Teelöffel Salz
- 1 Teelöffel Vanille
- ½ Tasse Blaubeeren
- ½ Tasse Himbeeren

ANWEISUNGEN:
a) Geben Sie die Himbeeren durch ein Sieb (vorzugsweise ein Sieb), das über einer Rührschüssel steht. Drücken Sie das Fruchtfleisch mit der Rückseite eines Löffels durch das Sieb, um den Saft und das Fruchtfleisch zu entfernen, ohne die Kerne zu verwenden. Beiseite legen.
b) 2 Eigelb und Zucker in einem mittelgroßen Topf verquirlen und erhitzen, bis sich der Zucker aufgelöst hat. Milch, Salz und Sahne hinzufügen und verrühren, bis alles gut vermischt ist.
c) Bei mittlerer Hitze unter ständigem Rühren 8–10 Minuten kochen, bis die Masse eingedickt ist.
d) Vom Herd nehmen.
e) Vanille, Blaubeeren, Himbeersaft und -mark in eine Küchenmaschine geben und zerkleinern, bis alles gut vermischt ist. Die Beeren-Vanille-Mischung in die Flüssigkeit einrühren. Durch ein feines Sieb in eine Plastikschüssel gießen. Abdecken und über Nacht kühl stellen.
f) Geben Sie die Mischung gemäß den ANWEISUNGEN des Herstellers in eine Eismaschine.
g) Bis zum Servieren einfrieren.

99. Kokos-Gelato

Macht: 1

ZUTATEN:
- 5 Eigelb
- 2 Tassen Kokosmilch
- 1 Tasse Zucker
- 1 Tasse Sahne
- 1 Teelöffel Salz
- 1 Teelöffel Vanille
- Kokoswasser aus einer frischen Kokosnuss
- ½ Tasse geraspelte, gesüßte Kokosnuss

ANWEISUNGEN:
a) Eigelb, Kokoswasser aus der frischen Kokosnuss und Zucker in einem mittelgroßen Topf verquirlen und erhitzen, bis sich der Zucker aufgelöst hat. Kokosmilch, Salz und Sahne hinzufügen und verrühren, bis alles gut vermischt ist.
b) Bei mittlerer Hitze unter ständigem Rühren 8–10 Minuten kochen, bis die Masse eingedickt ist.
c) Vom Herd nehmen.
d) Die Kokosflocken-Vanille-Mischung in die Flüssigkeit einrühren. Durch ein feines Sieb in eine Plastikschüssel gießen. Abdecken und über Nacht kühl stellen.
e) Geben Sie die Mischung gemäß den Anweisungen des Herstellers in eine Eismaschine.
f) Bis zum Servieren einfrieren.

100. **Kürbiseis**

Macht: 1

ZUTATEN:
- 2 Tassen Vollmilch
- 4 Eigelb
- 1 Tasse Zucker
- 1 Tasse Sahne
- 1 Teelöffel Salz
- 1 Teelöffel Vanille
- 1 Tasse Kürbispüree
- 1 Teelöffel Zimt
- ¼ Tasse brauner Zucker

ANWEISUNGEN:
a) Eigelb und Zucker in einem mittelgroßen Topf verquirlen und erhitzen, bis sich der Zucker aufgelöst hat. Milch, Salz und Sahne hinzufügen und verrühren, bis alles gut vermischt ist.
b) Bei mittlerer Hitze unter ständigem Rühren 8–10 Minuten kochen, bis die Masse eingedickt ist.
c) Vom Herd nehmen.
d) Braunen Zucker, Zimt, Kürbispüree und Vanille verquirlen und dann in die Flüssigkeit einrühren. Durch ein feines Sieb in eine Plastikschüssel gießen. Abdecken und über Nacht kühl stellen.
e) Geben Sie die Mischung gemäß den Anweisungen des Herstellers in eine Eismaschine.
f) Bis zum Servieren einfrieren.

ABSCHLUSS

Wir alle lieben italienische Desserts. Vielleicht liegt das daran, dass sie in ihrer frühen Geschichte keinen regelmäßigen Zugang zu Zucker hatten und in ihren Rezepten viel weniger Zucker verwendeten als amerikanische Köche. Es sind die frischen Zutaten wie Sahne und Käse, die italienische Desserts so köstlich machen.

Ingram Content Group UK Ltd.
Milton Keynes UK
UKHW020624210623
423802UK00010B/81